中华现代学术名著丛书

中国社会之史的分析

（外一种：婚姻与家族）

陶希圣 著

创于1897 商务印书馆 The Commercial Press

图书在版编目(CIP)数据

中国社会之史的分析:外一种 :婚姻与家族/陶希圣著. —北京:商务印书馆,2015(2023.6 重印)
(中华现代学术名著丛书)
ISBN 978-7-100-11747-0

Ⅰ.①中… Ⅱ.①陶… Ⅲ.①中国历史—研究
Ⅳ.①K207

中国版本图书馆 CIP 数据核字(2015)第 264512 号

《中国社会之史的分析》据新生命书局 1930 年版排印

《婚姻与家族》据商务印书馆 1934 年版排印

中华现代学术名著丛书

中国社会之史的分析

(外一种:婚姻与家族)

陶希圣 著

商 务 印 书 馆 出 版
(北京王府井大街 36 号 邮政编码 100710)
商 务 印 书 馆 发 行
北京通州皇家印刷厂印刷
ISBN 978-7-100-11747-0

2015 年 12 月第 1 版　　开本 880×1240 1/32
2023 年 6 月北京第 2 次印刷　　印张 9½ 插页 1

定价:69.00 元

陶 希 圣

（1899—1988）

出版说明

百年前，张之洞尝劝学曰：“世运之明晦，人才之盛衰，其表在政，其里在学。”是时，国势颓危，列强环伺，传统频遭质疑，西学新知亟亟而入。一时间，中西学并立，文史哲分家，经济、政治、社会等新学科勃兴，令国人乱花迷眼。然而，淆乱之中，自有元气淋漓之象。中华现代学术之转型正是完成于这一混沌时期，于切磋琢磨、交锋碰撞中不断前行，涌现了一大批学术名家与经典之作。而学术与思想之新变，亦带动了社会各领域的全面转型，为中华复兴奠定了坚实基础。

时至今日，中华现代学术已走过百余年，其间百家林立、论辩蜂起，沉浮消长瞬息万变，情势之复杂自不待言。温故而知新，述往事而思来者。“中华现代学术名著丛书”之编纂，其意正在于此，冀辨章学术，考镜源流，收纳各学科学派名家名作，以展现中华传统文化之新变，探求中华现代学术之根基。

“中华现代学术名著丛书”收录上自晚清下至20世纪80年代末中国大陆及港澳台地区、海外华人学者的原创学术名著（包括外文著作），以人文社会科学为主体兼及其他，涵盖文学、历史、哲学、政治、经济、法律和社会学等众多学科。

出版“中华现代学术名著丛书”，为本馆一大夙愿。自1897年始创起，本馆以“昌明教育，开启民智”为己任，有幸首刊了中华现代学术史上诸多开山之著、扛鼎之作；于中华现代学术之建立与变迁而言，既为参与者，也是见证者。作为对前人出版成绩与文化理念的承续，本馆倾力谋划，经学界通人擘画，并得国家出版基金支持，终以此丛书呈现于读者面前。唯望无论多少年，皆能傲立于书架，并希冀其能与“汉译世界学术名著丛书”共相辉映。如此宏愿，难免汲深绠短之忧，诚盼专家学者和广大读者共襄助之。

商务印书馆编辑部

2010年12月

凡　　例

一、“中华现代学术名著丛书”收录晚清以迄20世纪80年代末，为中华学人所著，成就斐然、泽被学林之学术著作。入选著作以名著为主，酌量选录名篇合集。

二、入选著作内容、编次一仍其旧，唯各书卷首冠以作者照片、手迹等。卷末附作者学术年表和题解文章，诚邀专家学者撰写而成，意在介绍作者学术成就，著作成书背景、学术价值及版本流变等情况。

三、入选著作率以原刊或作者修订、校阅本为底本，参校他本，正其讹误。前人引书，时有省略更改，倘不失原意，则不以原书文字改动引文；如确需校改，则出脚注说明版本依据，以“编者注”或“校者注”形式说明。

四、作者自有其文字风格，各时代均有其语言习惯，故不按现行用法、写法及表现手法改动原文；原书专名（人名、地名、术语）及译名与今不统一者，亦不作改动。如确系作者笔误、排印舛误、数据计算与外文拼写错误等，则予径改。

五、原书为直（横）排繁体者，除个别特殊情况，均改作横排简体。其中原书无标点或仅有简单断句者，一律改为新式标点，专名号从略。

六、除特殊情况外，原书篇后注移作脚注，双行夹注改为单行夹注。文献著录则从其原貌，稍加统一。

七、原书因年代久远而字迹模糊或纸页残缺者，据所缺字数用“□”表示；字数难以确定者，则用“（下缺）”表示。

目　　录

中国社会之史的分析

婚姻与家族

中国社会之史的分析

第一　绪论

——研究中国社会史的必要和方法

一、中国革命的基本问题与社会史的研究

中国的革命，到今日反成了不可解的谜了。革命的基础是全民还是农工和小市民？革命的对象是帝国主义和封建势力，还是几个列强和几个军阀？这些重要的问题都引起了疑难和论争，论争愈烈，疑难愈多。要扫除论争上的疑难，必须把中国社会加以解剖；而解剖中国社会，又必须把中国社会史作一决算。中国社会史的决算，至少要提出下面两点做中心：

第一，中国社会是封建社会，还是资本主义社会？

第二，帝国主义势力的侵入是否使中国社会变质，变质又达到什么程度？

对于第一个问题，至少有三个答案：其一，中国社会是封建的，封建制度还是存在；其二，中国社会是资本主义社会，封建制度早已破坏无余；其三，中国的封建制度虽早破坏，但仍是在前资本主义时期，有巨大的封建势力存在着。对于第二个问题，却只有两个答案：其一，中国和外国通商以后，社会构造没有根本的变迁；其二，帝国主义势力侵入后，封建势力日就崩坏，但同时后者又与前

者相结成为一大反动的营垒，社会构造已有改变。并且，封建势力是经济的、政治的，还是宗教的或观念的？这又随论争者观点的不同，引起了腻烦缴绕的辩解。有许多只不过一二个名词之争，有许多涉及于革命根本问题，提出相异的革命方略，或竟藉论辩的名词回避革命。

第一个问题是所谓革命理论问题的一个焦点。但是，革命理论是由社会的实况抽出来的。要寻出正确的革命理论，必先对社会的实况有正确的认识。如果中国社会构造是一个资本主义的构造，那末，革命的基础是无产阶级而对象是资产阶级；不然，则革命的基础是全民，而革命的目的在收回关税自主权以求遂资本主义的发展。如果中国是封建制度即封建贵族的统治，那末，革命的对象是封建贵族而基础是第三阶级即市民阶级和农工。如果封建制度已经崩坏，但士大夫官僚政府抑制资本主义的发达，继续着农村对都市的斗争，停滞中国社会于前资本主义状态；自帝国主义侵入中国以后，官僚迅速和帝国主义结纳，士大夫身分日就衰残，其社会地位为帝国主义资本支配下的资产阶级所代替；手工业日益破坏，农工生计日益困难，那末，革命的基础便应当是农工和手工业者与知识分子即小市民阶级。因此，我们可以说：对社会实况没有或回避正确的认识，则革命理论不过空谈。所以，第二个问题的解决又必待第一个问题解决以后。那末，中国社会史的决算，在今日实在要痛下一番工夫了。

二、中国社会史研究的困难

中国社会史研究的困难却又无比。在历史上，数目字的记录极少；所存的记录又随历史家主观的观察，变成了事实的断片的解说的阴影。西汉以前的史乘和典籍尤其是靠不住，大抵经过汉儒的变造和僭造。在当时学问的授受皆口耳相传，“师说”之中，有多少主观的附会和敷衍！春秋战国时代是中国社会史的一个关键，中国社会在这时候结束了封建制度，而破坏的封建制度仍然在另一个基础上再建起来；叫做封建制度也不确，否认封建势力也不许。但是递嬗的过程究竟是怎样？既没有可靠及充分的史料，又没有科学的采掘的考证。尤其是困难的：春秋以前的社会是什么？更没有确证去考查。把一切传说和附会，用一个系统去整理论列，在现在并不是没有人做工夫，可惜托古的“重言”不能作事实的真相。离开那些断简残篇，又从那里去寻绎史料？所以，我们可以说：现在是古史破坏的时期，建设翔实的古史却必待考证工夫完成以后。

秦汉以后的中国社会是农业和手工业社会。但社会中杂沓的现象和歧异的变迁，几乎要使人惶惑不解。在北方，封建制度的复活，货币经济的毁灭，具载于历史。在南方，个人财富的增殖，奴隶劳动的使用，也是历史所叙明。沿海的商业都市，始自什么时期？各民族的移殖和融和，到了什么程度？手工业的量的增大，已否变质为资本主义的经营？权力主义的观念体系，已否渗入了个人主义的思想？这些处所，为考证而考证是没有什么困难的，想综合论列以给与革命的教训却非易事。

但是，为了解社会现状而探讨历史，这是不容易的事情。无论怎样的困难，我们也必须用妥当的方法剖析、综合、比较，以求得比较正确的论断。

三、中国社会史研究的方法

研究的方法是什么呢?

其一是概括的记述法。把类似的事实和现象集合起来,指出共通的征象的方法,叫做概括的记述法。例如:春秋时代各侯领筑城的事实。集合各侯领筑城的事实,我们可以得到一个论断:春秋时代有都市集中的现象。又如,战国时代个人财富的积聚的记录。集合个人财富的记录,我们可以得到一个论断:原始共产制乃至封建财产制已为个人私有制所代替。集合春秋战国时代反宗法理论的拜日教、立少子、娶本族、不行三年之丧等事实,我们可以说宗法制度已经崩坏而严正的宗法制度未行到周鲁诸国以外。集合战国时代各国起用庶人为卿相的事实,我们可以知道封建贵族阶级已经崩坏而治权渐归到新起的官僚。这是第一段的概括。再集合这许多论断出来的现象,便可以说春秋战国时代,旧封建制度已经破坏。这是第二段的概括。再举一个例。自汉到明清,官僚政府的财政收入上,漕运是一个重要制度,同样的各地方的仓库也是重要制度;官僚的俸给用布帛和谷米,军队的饷糈用布帛和谷米;个人的财富的成分是土地园圃和奴婢及放债;社会的观念体系以"分"即等级思想为中心;这各端是各由第一段概括所引出的。而第二段概括,使我们论定秦汉以后的社会还是以自然经济为主,虽有货币,却没有占最高的地位,政治制度还是封建的类型,个人主义还没有占相当的势力;综之,秦汉以后的中国还是在前资本主义时期。

更进一步,我们可以把中国社会的概括的论断,和希腊、罗马、波斯、埃及、维新以前的日本、革命以前的俄罗斯等等，再作概括的记述。例如：传说中的西周时代，种种征象和索伦以前的雅典，及沙威尔斯、吐鲁斯以前的罗马相似；这可以说是原始封建国家的类型。

仅仅使用概括的记述法，还不能得到确实的断论。我们第二还要使用抽象法。分析复杂的事实使趋于简单的方法，叫做抽象法。资本主义社会有封建制度的遗滓，封建社会也有资本主义的萌芽。要得到纯粹资本主义的概念，必须在思考时假定封建遗滓并不存在。要把捉封建社会的实况，必须判定商业资本只有微小的势力。中国社会久没有土地贵族，但是，分析的结果，我们发见了代替土地贵族的士大夫身分。中国社会看不见商业资本的势力，只看见土地资本的势力，我们又看得出士大夫身分是地主阶级披上了法律的外衣。这便是抽象法的运用。研究中国社会史，抽象法是最重要的方法。中国社会，自战国到最近，是一个变质的封建社会。在数千年的历史上，我们看见许多类似于资本主义社会的现象，又看见了许多和严正的封建制度相同的现象。家族本位和个人主义的法律，权力主义和个人主义的观念，相互错综。现于法令的制度和存于实际的现象，有时相反。如果不用抽象法，把复杂的事实分析开并且简单化，决不能把捉中国社会的特质。

要对社会现象及其发展的趋势得到比较确实的认识，我们第三须用统计法。在一群现象中，发见一定特征以如何次数实现及以如何程度实现之量的研究，叫做统计法。不过，中国的数字的记录在历史上非常缺乏，便有也靠不住，即如人口的官厅报告大抵不甚正确，因为满清以前，赋税是按人口抽收，所以匿报是原则的情形，近百年来，统计的记录较多，但正确的还是很少。

以上三种方法都是归纳法。此外，由归纳法得到的法则，适用于特殊的情形，得到其解释或推测其倾向的方法，即演绎法，也是应当运用的。

四、本书的要点——士大夫身分的特质

本书所收缉的论文，并没有慎重精密的运用上述的方法。并且，各篇的论题非常广泛，所用的材料也不过疏略的大体的，没有经过多少的考证工夫。这是我要向读者示歉意的。本书各论文依执笔时期的先后，内容时常有冲突矛盾的处所，其原因在：作者现尚在进行研究之中，决不能把一时的观察所得作为定论。但本书所收论文中有一个重要象征，这便是士大夫身分的指出。关于这点，还要作简单的说明。

第一，我们要知道士大夫身分和"知识阶级"不同。我们可以说士大夫身分是知识阶级的特定型态，却不能概指中国现在的知识阶级为士大夫。

在太古时代，生产的技术非常幼稚，人类的劳动所得，供给日常必要的生活，尚虞不足。这个时期，人群中没有不从事于物质生产的观念生活者。社会的生产力增大，则人群的数量增大，人群的组织复杂，于是保持过去的经验的人渐得有从事思虑的闲暇，于是有了观念生活阶级。在某时代，观念生活阶级为祭司僧侣。在别时代，观念生活阶级为博士员生。其生活形式，皆依当时当地的物质生活来决定。

这观念生活阶级在中国从来是统治阶级的一端。他上面连缀于统治阶级的军阀，下面抑制着被治阶级的庶民，它的地位，和古

代的巫觋祝宗，和后来的封建贵族相当。它的构成，是官僚和地主。它在经济上是剥削者，在政治上是支配者。所以总理在《五权宪法》演讲里说：

> 政治里头又有两种人物：一种是治人的，一种是治于人的。孟子说："有劳心者，有劳力者，劳心者治人，劳力者治于人。"就是这两种人。

资本主义社会的观念生活阶级却与这劳心的治者不同。考茨基在《知识阶级与社会民主党》论文中说：

> 更重要的是：依资本主义的生产方法的影响，精神劳动的性质变化了。在从前，优先的去从事精神劳动的人便是剥削者自己，至少也是剥削阶级里的人。例如在中世，代表精神劳动的教会，是大地主，因其为大地主，故与封建的剥削，直接的保有强烈的利害关系。在资本主义的生产方法，剥削者埋头于剥削，对于别样的方法的劳动没有时间，也没有这种欲求。他们同样免除了肉体劳动和精神劳动，专以利润之追求为事。……资本主义的生产方法、以大工业代替小工业，手工业劳动分解为肉体劳动和精神劳动，与类似机械的劳动者相并而有技师化学师和工厂监督等等的必要。国家趋于中央集权，人口移转于大都市，小国合并成大国家，小自治团体被代替于需要有特殊教养的行政官的广大复杂的组织体，官僚主义急速发达。国际贸易发达，同时国际政治也发达起来。在大都市，大国家，世界上，经济的及政治的生活造成了通信及

宣传的机关。……资本主义的生产方法……使辩护人最好的发育地之商品生产者间固有的冲突,无限增加。资本主义的生产方法、发达科学及艺术,增加了知识分子的数量。

这样的对头脑劳动者的需要增加,所以其供给也急速增加了。

中国从前的和现在残余的士大夫阶级,是地主"优先的从事精神劳动"所造成,所以士大夫阶级这种观念生活者便是经济上的剥削者,在封建制度破坏以后,便自己去以统治者——官僚而现身。士大夫阶级的剥削即是封建的剥削。

帝国主义侵入中国以后,都市的工商业渐次发达,帝国主义资本家所设立的工厂商店银行也急剧增加。邮政铁路的设置,需要专门技术并相当教育的观念人。外交的应付,新军的编制,财政的改革,新闻的勃起,法院和律师的设置,新法的起草,学校的创立,种种迫于资本主义的必要和效法资本主义的设施,开发了特殊或相当教养的观念生活阶级的需要,尤其是无限制增加这种人才的供给。因此,我们看见了新知识阶级的发生。

在生活方法上,士大夫和这种知识阶级确有不同。前者的生活是尊贵的,剥削的。后者的生活是平凡的,劳动的,至少也要藉知识以保持其社会地位的。但是,在两点上,两者又确相共通。第一,学校的教育仍然是地主优先。第二,知识阶级的供给超过了需要,"用其所学"必终于失业。所以过剩的知识分子或沉沦于痛苦生涯,或猎取着政治地位,和士大夫的活动毫没有两样。前者的现象使知识阶级革命化。后者的途径使知识阶级官僚化。

因此,目前的中国知识阶级还保持着士大夫身分的传统意识。

士大夫曾经是社会的瑰宝，只因其为士大夫之故，便获政治上、经济上、社会上优越的地位，在官为官吏，在野为缙绅，在农村为地主。时至今日，知识阶级还自以为知识分子的资格尚在获得政治上、经济上、社会上优越地位的可能性。士大夫的时代已过，技术家的时代未来，但他们仍或以优越地位获得的可能性，自慰自励。因需要远不及供给之多，政治经济的支配者遂以考试和夤缘选择使用，运气好的或知识强的又似乎可以获得优越地位。于是引诱知识阶级的幻想和破坏知识阶级的实际，有云泥之差。蔽于幻想，于是有统治的唯心的思想。迫于实际，于是有革命的唯物的立场。

五、士大夫身分与知识阶级

第二，我们要知道观念生活者并不是没有阶级的存在。封建社会的二大基本阶级是贵族和农奴，资本主义社会的二大基本阶级是资本家和无产者。观念生活者决不能自成一基本阶级，但是，社会到底不是两大阶级的机械的构成，其中实有多数社会层的存在。观念生活者，一自其生活方式上观之，为思虑生活即观念劳动者，与物质劳动者到底不同。二自其收入手段上观之，为头脑劳动的报酬，与资本家的利润，地主的地租，及劳动者的工钱，本可以严格区别。在这个意义上，观念生活者虽不是基本的社会阶级，仍不失其为一个社会层。

中国的士大夫身分还不止于一个社会层。自封建贵族阶级破坏以后，地主阶级是中国社会的一个基本阶级。地主阶级和士大夫官僚之和，恰与封建贵族阶级相等。若包括地主和官僚的两端，则以士大夫身分为中国社会的一个基本阶级，亦非错误。

士大夫身分有其独特的存在，则多少保持士大夫传统的意识。目前知识阶级，虽一方面随社会基本阶级的分化而分化，他方面却仍有其独有的特质。他们是旧文化保存者，或新知识输入者。前者的使命使他们极端的保守，后者的使命使他们抱着资本主义的景慕，或社会主义的意识。

革命的知识分子必须克服这种观念生活阶级尤其是士大夫身分残留的独有的特质。革命的知识分子必须对历史的运动整个过程有深刻的了解。革命的知识分子必须把由于这个了解所得到的正确的革命理论灌输到革命民众——农工及小市民阶级里去。尤其要克服士大夫身分的传统意识，防止官僚化的危机。

六、结语

以上所说，可以表明士大夫身分实有其社会的存在。关于士大夫身分的存在，依作者所得到的批评，还没有异议。但是关于士大夫身分的成立和维持条件以及重要性，却有不同的见解。作者希望这一本小书能够引起广大深刻的论争，并且准备收辑论争中的大作，编成《中国社会史讨论集》，供学者和同志的参考和批评。在广大深刻和普及于国内外的中国社会史论争中，作者敢把这本小书作参与论争的纪念。

十七，十二，一，上海

第二　总论

——中国社会到底是什么社会？

一、序言

虽然我们能够把社会形式分做宗法社会、封建社会、资本主义社会，但是世界上从来没有纯粹的属于某种社会型的社会，而毫没有驳杂的成分存在于其中。

英国社会是什么社会？我们毫不迟疑的断定是资本主义社会，且已进入帝国主义的阶段。但是如果我们是法律家，在英国法律里随便可以寻出封建色彩极为浓厚的处所。即如资本主义社会的法律应当是契约制，换句话说，应当以个人的自由意志，用契约的形式，决定人与人间的法律关系；而不是身分制，换句话说，人与人的法律关系不应仍依各人身分来决定。英国法却不然。雇佣契约法在英国叫做主仆关系法，家族法在英国叫做家庭关系法，法律里面把人与人的法律关系确定得好好的，凡是这种法律关系都要依这种法律规定以决定其内容。这确是身分制。我们若止看定这一点，也许会认定英国社会是封建社会。

日本社会是什么社会？我们也毫不迟疑的断定是资本主义社会，且已进入帝国主义的阶段。日本有广大的无产阶级，这个阶级已从经济运动进入于政治斗争，而与资本阶级相对抗。日本有继续破坏的贫苦农民阶级，这个阶级正在与地主阶级及资本阶级作政治的及经济的斗争。但是日本的人士仍然有的认定日本社会中，小资产阶级占国民百分之七八十，小资产阶级有决定的势力——例如全日本农民组合指导者高桥龟吉氏。那末，日本社会便又可以说和中国社会是一样了?!

如果只是见树枝而不见森林，见特殊而不见全体，那末，对一个社会的观察，无论如何是不会正确的。尤其是中国社会的观察更难，没有充分的正确的社会统计供我们的参考。学者各本其"所染"以说明社会现象，所得的结论便大相悬殊。资本主义经济学者常以欧洲中世封建制度来和中国社会比拟，所得的结论是中国现在连封建势力都没有。共产主义者常以欧洲资本主义社会解剖所得的论断来应用于中国社会，所得的结论是中国已有尖锐化的阶级对立，又或因中国没有广大的无产阶级而主张制造无产阶级以求适合于社会革命的实行。

我觉得社会现象固然有合法则性像自然现象一般，但是社会现象的合法则性并不能使我们作成一个公式，适用于地域不同、时代不同的多数社会，而毫无不合。便是自然科学者把两种自然现象相比较时，也要说一句"其他条件相等时"，再才能下一个两者相同的论断，足见得其他条件如有不同，两种现象便不一定相同，况且在观察社会现象以前，我们大抵怀抱着一种"假定"，依照假定去寻求那适合于证明这个假定的材料，这更易使观察陷于错误了，譬如我们先假定古代婚姻是掠夺婚，那末，婚姻在古书里叫做"昏"，便可以去证明古者结婚必于黄昏时候，由男家以暴力劫夺女子。又若看见乡间花轿门上上锁，便去证明古者结婚必用木制肩舆锁上新娘,以防逃逸。这是很易陷于错误的。

所以观察中国社会,要不放过中国特有的社会现象,要不因其不合于假定而故意否认它,更要知道世界上从来没有纯粹的社会型出现于历史。所以我在本文里面只举出几个实际的社会现象来,供同志们综合的研究,并希望得到严正的批评。

二、宗法社会

第一个要解答的,是中国社会是不是宗法社会?

我的答案是:宗法制度已不存在,宗法势力还存在着。

为什么说宗法制度已不存在呢?宗法制度是指《礼记》上所述"别子为祖,继别为宗"的制度。这种制度的作用第一是尊祖,第二是敬宗,第三是收族。而其特质是父系、父权、父治,其系统在直的方面是嫡长子继承,在横的方面是"以弟事兄,以兄率弟",至其精神在"尊尊亲亲,男女有别"。

宗法的制度以世禄为基础,世禄既废,宗法不行。秦蕙田《五礼通考》说:

> 古者有井田,有世禄。井田法行则人无兼并,世禄不绝则宗无削夺。有世禄者皆卿大夫也……卿大夫则有圭田以奉祭,有采地以赡族。盖其禄受之于君,传之于祖,故大宗百世不迁。

制度是依存于世禄,有世禄则作用才可以发挥。这样,所以宗法制度随封建制度消灭,不复存在于后世。我们如执着这一点,必会否认中国现社会里有宗法,尤其不是宗法社会。

不独可以否认中国现社会是宗法社会,更可否认中国古社会曾经行过宗法制度。为什么呢?上述的宗法制度是儒家的一种理论。这种理论上的制度,在古代究竟有那一族实行过?确是一个问题。我们至多只能判断周行过这种制度,周以前及周以外没有普遍行过这种制度的民族。陶汇曾《亲属法大纲》序文中说:

> 宗法,周制耳。有周称王以前及有周诸族而外,殊难覯宗法之特征。谓宗法制度至周大备,谓宗法社会沿自古昔,而不加时代与民族之区别者皆误也。在周室称王以后,宋犹内娶,楚犹立少子,士大夫如公仪仲子犹舍孙而立子,伊洛之戎犹居近郊,商鞅相秦始别男女。孰谓宗法为中国古代遍行之制度乎?那末,不独现代中国社会不是宗法社会,古代中国社会也不是宗法社会了。

但是我们绝不能否认宗法势力的存在于今日。为什么呢?宗法的特质是父系父权父治。今日中国的家族是不是父系父权父治呢?(一)什么是父系?从父方去计算谁是亲属的制度叫做父系。中国亲属制度虽不否认女系亲,但是亲属的计算纯以男系为本位。崔东壁《遗书》云:

> 孟子曰:"天之生物也,使之一本。"人姓父之姓而不姓母之姓。由父之父递推之百世皆吾祖也。由母之母递推之,三世之外,有不知谁何者矣。

为什么母之母以上，三世外不知谁何呢？这是中国亲属制度取父系制度的缘故。（二）什么是父权？由子继承父的财产的制度叫做父权。中国的继承法，纯依宗法以定继承人。继承家产的一定是死者的男孩子。《大清律例》所谓：

嫡庶子男，不问妻妾婢生，只以子数均分。私生子依子，量与半分。

便是财产由男系子孙继承的规定。继承宗祧的一定是死者的嫡长子孙。《公羊传》所谓：

立嫡以长不以贤，立子以贵不以长。

便是说死者的身分由嫡长子继承，如果有子皆嫡则以长。如果有嫡有庶则立贵。如果有子皆庶则立长。（三）什么是父治？一家的事务和子女的身体都由父统治的制度叫做父治。在中国古代，家是一个劳动组织。田地的分配以家为单位，试引一些古人的话来作证：

今一夫挟五口，治田百亩。（《汉书·食货志》李悝语）

百亩之粪，上农夫食九人，上次食八人。中食七人，中次食六人，下食五人。（《孟子》）

百亩之田，勿夺其时，数口之家，可以无饥矣。（《孟子》）

家,五亩宅,百亩田。(《荀子》)

子妇无私货,无私畜,无私器,不敢私假,不敢私与。(《礼内则》)

足见得这个劳动组织一切由父主持。一直到现在,还是"祖在则祖为家长,父在则父为家长"(《大清律辑注》)。一切由于父治这叫做"尊尊"。所以《仪礼·丧服传》说:

父,至尊也。

父系父权父治的制度下,女子的地位是当然不好的。否,女子并没有独立的人格。我们对于本宗宗族的妻是怎样看法呢?

其夫属乎父道者,其妻皆母道也。其夫属乎子道者,其妻皆妇道也。(《礼记》)

我们对于本宗出嫁女是怎样看法呢?出嫁便以永离相期。

嫁女之家,三夜不息烛;思相离也。(《孔子》)

我们对于妻的义务怎样定法呢?

妇,服也。

这叫做“男女有别”。至于母系亲和女系亲呢？不独和我们没有财产上的权利义务关系，并且死了也值不得穿多重的丧服。《仪礼·丧服传》说：

外亲之服皆缌也。

唐代魏徵力争加舅服为小功，还遭儒者的唾骂哩！这大概是所谓“亲亲”。

在这种父系父权父治的特质和尊尊亲亲男女有别的精神之下，中国民族保存着几千年来变迁很少的家族制。这种家族到今日还是社会组织的一种单位。父祖的权力，女子的地位，和古代有什么差别！中国社会既有这许多特征，我们便不能否认其为宗法社会了。

三、封建社会

第二个要解答的，是中国社会是不是封建社会？

我的答案是封建制度已不存在，封建势力还存在着。

什么是封建制度？这个问题好难解答。和宗法制度一样，如果照确定的封建制度来寻求，则中国可以说从没有封建制度存在。《民权主义》第二讲说：

罗马亡了之后，欧洲列国并峙，和中国周朝亡了之后变成东周列国一样。所以很多学者把周朝亡后的七雄争长，和罗马亡后变成列国的情形相提并论。罗马变成列国，成了封建制度，那个时候，大者王，小者侯，最小者还有伯子男，都是很专制的。那种封建政体，比较中国周朝的列国封建制度还要专制得多。

那末，中国没有过封建制度吗？本来在七雄争长的时候，已经是封建制度破坏时期。这个时期，商业资本已渐发达。商人在列国之间已有政治活动——如弦高犒师，及阳翟商人吕不韦用计相秦。商人在列国中的地位也很高——如晋之绛商，通于诸侯，又如陶朱公有力运动楚国大赦。所以七国乃是依春秋时代许多战争及商业资本发展而产生的集权国家，已不是旧来的封建侯领。这个集权国家的政权在官僚士大夫阶级之手而不在封建贵族之手。这时期的领主制已变为采邑制——如孟尝君的薛，卫鞅的商於。采邑和食采邑者的关系不过是纳租的关系，决不像农奴与领主关系的残酷。

春秋以前，中国有许多封建诸侯。但是周以前，又不能说是封建社会，那个时期的牧伯，不过是氏族长。这许多氏族长——“群后”之上冠戴着一个“元后”——或许元后制是后人假定的也未可知。周统一中国以后，始大封功臣和子弟，例如太公侯齐，一到便灭了莱侯及莒侯，莱侯、莒侯却便是原来齐地的氏族长，楚不一定是周封的，而楚所灭的汉上诸侯，也大抵是氏族长。这些分封的功臣子弟灭了原有的氏族长以后，便把土地分给随员，这便是卿大夫。卿大夫各从其封地征收租税，经手收租的家臣也许便是冉求做过的季氏宰之类。但是齐、鲁、晋这些侯封又和欧洲封建领主有些不同。第一，中央的权力好像要比欧洲封建时代的共主有权些。第二，卿大夫封邑内的人民对诸侯的义务比对卿大夫的义务好像要重些。前者是因为周的分封，是从共主分封出来的，与欧洲封建诸侯从始便是各自掠夺土地者不同。后者是因为只有诸侯才可领兵，侯封内的权力集中于诸侯，和欧洲封建领主制极端分权者不同，但是我们要注意两点：第一，欧洲封建领土制究竟是怎样的，还不能一言决定。《大英百科全书》封建制度解释中说：

> 吾人之用封建制度一语，为便利计耳。若谓其含有系统之意味，即为失当。封建制度在极端发达之时期，亦绝无系统之可言。其为物也，实一种略具组织之混乱耳。各地所流行者颇不相同，故无怪各封土间各有其特异的习惯。(《双十月刊》三期九五页引用)

第二应当注意的，周的集权于中央是不是儒家的假说还不可知。周初灭殷以后是不是各氏族交争土地，如莱莒之争长齐都，和徐偃王之争夺淮域？这是我们不能决定的。如此则要把欧洲封建制度的一个两个特征来和中国封建制度的一个两个传说大加比较，是不十分妥当的。若因为这一两个传说和那一两个特征稍有不同，便否认中国的封建制度，那更不大妥当。若由大体上说：中国封建制度与欧洲封建制度也有相同的各点。

第一，封建制度的基础是土地制度，这是两者相同的第一点。欧洲的封建领主在领地上有所有权。后来罗马法学者把这种所有权看做罗马法上的所有权——换句话说，他们把罗马法上所有权观念解释领主对领地的所有权。其实后者是公法的性质，前者是私法的观念，本来是不同的。有权威的学者，如英国的亨利·梅因，他便能够把两者不同的处所分开。他在《古代法》名著上指出领主的权力是一种层层重叠的权力，罗马法学者把重叠部分分开，仅观察其一点，遂以为领主的权力是一种私法上的所有权。这是不对的。领主的权力既不能以罗马法上所有权来说明，那我们便不能认定欧洲封建诸侯对领地的领有关系和中国古代诸侯对领地的领有关系全没有相同之点。

第二，在中国古代分封诸侯的典礼有由天子授与茅土于受封者的仪文，表示指定的土地今后归受封者的领有。这种礼节到汉代还是照行。欧洲封建诸侯分封下级领主的时候也授与土和刀以表示领有关系的开始。自分封后，附属于土地的农民便成为领主的臣民，其间发生一种忠勤关系。——领主保护（义务）并统治臣民（权利）。臣民纳租税服劳役（义务）并享受领主的保护（权利）。换句话说：领主与农民之间发生一种隶属关系和保护关系。人与人间的隶属关系是封建社会的一大特征。

第三，等级制度是封建社会的另一大特点。侯分封领地于伯，伯再分封于子男。也可以说侯分封于卿大夫，卿大夫再分封于家臣。欧洲的等级名称虽和中国不同，而其为等级则一，有等级制度之下，每一个人的权利义务皆取决于其所属的等级。农奴之子常为农奴。贵族之子常为贵族。而农民一家之中，又以家长为代表以接受耕地，家族之中，遂亦以身分定权义。这种制度叫做身分制。即卫儿若氏所说：

> 古者，个人系属于所隶之集团而不可分离。所居地位惟决于诞生之一事，而不得以自己之意思变更之……即吾所谓必然聚集，而亦梅因所谓身分制也。（陶汇曾《亲属法大纲》二十页引用）

总之，中国古代的封建制度和欧洲的封建制度小异大同。而小异之差，也许和欧洲各地封建制度互异之差相等。这种封建制度后来变革了多少呢？观察中国封建制度的变革，首先要提出一个问题来，再自问题答案的追求中进行我们的分析。问题是：

——战国时代，中国已有了商业资本，为什么直至现在中国资本主义始终不能得到进一步的发达呢？

公孙愈之先生在《前进》第四期上分析中国的社会构造，很是详明，他说：

> 中国自封建制度崩溃以后，直到现在，社会的构造没有改变。这个构造的特征是：
>
> （一）不发达的钱币经济。中国的钱币，不但未经国家严格的支配，仍是以重量通用，并且钱币经济和天然经济还是并行着。
>
> （二）资本的主要形式是商业资本与高利贷资本，很少工业资本。
>
> （三）土地价值的流动化，购置土地成为最重要、最普遍的投资。
>
> 以上所举的特征，自封建制度崩溃后直至现在，没有改变。最奇怪的，就是虽然和西洋通商将近百年，政治上、经济上受了很大的影响，而中国的社会的经济的构造，依然没有根本改变。
>
> 这个构造，可以叫做一个“为封建思想所支配的初期资本主义”。思想是封建的，保存这个思想的有传统的圣经贤传。经济与社会倒是初期资本主义的。

公孙愈之先生根据这个分析，主张中国现在的社会构造，并非封建制度，所以和顾孟馀先生一样，以为“中国的农民问题与中国农民的土地问题是决不能在打倒封建制度的口号之下解决的”。但是我对于公孙和顾先生的分析，还有几个疑点：

第一，没有把中国资本主义何以不能有进一步的发达这一点说明。

第二，封建思想是圣经贤传所保存，圣经贤传是什么势力保存着的？

第三，西洋和中国是不是泛泛的通商？通商以后，中国社会构造是不是没有根本改变？

最后一段留在本文第四段质疑并讨论。现在要讨论的，是什么势力保存着封建思想，致成为资本主义的桎梏而数千年来终不能作进一步的发达。

中国的圣经贤传确是封建思想的结晶。但是圣经贤传在封建制度崩坏时期——春秋战国时期，才结晶起来，在那个时期，圣经贤传不过是各种学说中的一派，为邹鲁缙绅先生所主张。老庄、墨子，和三晋的申韩，在当时和孔子都等量齐观。秦统一中国以后，全采取申韩的学说，蔚为中央集权的法治国家。汉高至汉武初年又重视黄老之说。汉武虽想崇儒术，却格于太后和功臣，几酿成大狱。汉武的尊崇儒术虽终竟成功，但是以前的轻儒的事实却仍自昭垂于历史。由这些事实看来，足见得圣经贤传的保存，还依赖着圣经贤传以外的势力。复次，资本主义初发生发达的时期，一定和封建制度相冲突，第一步必然有随资本主义发生发达的思想来打破封建思想。第二步才是资本主义的势力和封建势力相肉搏以争夺政权。第三步才完全遂资本主义的发达。这个过程便是资产阶级革命。但在中国,资本主义思想没有克覆封建思想,封建思想反维持了数千年的权威,资产阶级也始终没有发达到具有夺取国家政权的实力。这是什么势力把它压倒着呢?

封建制度崩坏了,我们仍旧要追寻这桎梏着资本主义的势力!

我们先观察封建制度崩坏的过程。周的末期,中国国内各民族各侯封,很不平均的各遂其发展。几个侯封里面,商业资本主义已发达起来,最显著的是齐。在春秋时代首先称霸的便是这资本主义齐国。自齐霸中国以后,各侯封间继续起了几次大战,渐促成国内的中央集权。而战争的背后,颇有商业发达,都市集中,人口增进的影子。但中央集权的政权渐由诸侯归于贵族,再由贵族建筑中央集权的新国家。中国历史便由此进入七雄争长的战国时代。在这个过程中间,贵族阶级相随崩坏。到了战国时代,庶人起为卿相的,事情很多。贵族要保持其位,也相趋于养士,于是贵族中的进步者与庶人中的优秀者混成一个士大夫阶级。这个阶级在战国末期,有突进的势力,如信陵君的专魏,孟尝君的振齐,燕太子的刺秦,都是这个阶级的浪漫的斗争史,而信陵平原的勾结,已目无魏赵两君。这个阶级的成分是贵族、知识分子及游侠。知识崇拜、英雄崇拜及身分崇拜,维持住这个阶级的优越地位,为法家所痛恨,所谓"儒以文乱法,侠以武乱禁",证明了这个阶级的反法治精神。

秦统一中国,便根据法家的学说,建设集权的国家。各地行政由"守"任之,绝不封建子弟以相错杂。中央王室亦不许有贵族身分的存在,集大权于秦皇之一身。过去的贵族及儒侠混成的阶级因此一时潜伏于市井及田亩,一旦揭竿而起,遂颠覆秦皇。在此时期,陈胜冒称张楚,项氏迎立怀王,分封六国之后,招集这个阶级流亡分子,几乎把六国争雄的局面再建起来。士大夫阶级的社会势力,无遗恨的尽量表现。但是刘邦称帝以后,仍然力求镇压这个阶级,一方面徙豪杰于关内,一方面设守吏于地方,一方面虽分封子弟,而行政权力仍归于守吏。自此以后,士大夫阶级一时破坏。到汉武帝尊崇儒术以后,历史上又发现士大夫阶级再建的痕迹。前汉的末叶,后汉的全朝,都是士大夫阶级极盛时期。在朝为公卿,在外为守吏,在野为"月旦"政治及砥砺气节、治理农村的士人。其时阶级的人数不多,所以生活易,生活易所以很少浮滥的行为。这个时期,知识还没有扩大及于平民,后来知识逐渐普及,阶级便扩大了数量,而气节等等便崩坏了。

在资本主义社会,知识分子散布于各阶级间,何以中国士大夫阶级能够自成一阶级呢?

第一,因为这个阶级是一种扩大的身分阶级。这个阶级是封建贵族的扩大。有门第的超越,有知识的优异,对于庶民拥着一种身分的信仰。

第二,因为这个阶级的生存和封建贵族阶级的生存是一样的寄托的农民之上。(一)个人的生活是地主的生活,向农民收取租稞以自奉,乃有余暇以从事于知识追求和政治活动。(二)阶级的活动是在政治地位的取得,向农民收取赋税,以为俸禄,乃能运用政权,威临于劳苦农民之前。(三)阶级的保存有赖于身分的封锁。门第不相当者不通婚,而门第相当者相结纳。谱牒之学,便是封锁身分的武器。(四)阶级的流通又用科举或选举制度,以士大夫阶级思想的定型,吸收庶民中优秀分子,使加入士大夫阶级。

自汉以后,士大夫阶级为政治活动计,常依附于帝王。在王朝崩坏时期,又依附于新起的战斗团体。新起的战斗团体虽有的是农民起义所长成，但也有旧来的军官士子，因讨伐农民而厚集兵力所成立。即令战斗团体是农民起义所长成，一取得帝王地位，即感觉“马上得天下，不可以马上治之”，便收罗士大夫共谋大计，而“夥涉为王”的当儿，已脱离其原来所属的农民阶级。异族入主中国，中国的士大夫也同样的包围，北魏与满清帝王因此莫不感染于中国文化——“尊主卑臣，明分职不得相逾越”的统治阶级文化。

士大夫以其政治威力维持其土地所有权和身分优越权。一方面，地主之于佃农，决不止于契约上的诛求，服力役，致敬意，于租粿的收取外，还有人格的支配，士大夫地主之前，只有佃头才有发言的余地，而一般佃户尚可望而不可即。一有延缓交纳的事情，则“忤佃”的诉讼必归胜利于地主。他方面，于地主的佃权以外，士大夫的身分更是剥削农民的工具。一面出入官厅，左右行政，一面判断狱讼，执农村的政权。因此，在农民的立场上观察，官厅的长官及吏胥和地主士大夫实成为整个的阶级，这种阶级的支配和封建贵族阶级的支配，性质作用大抵相同，不过在封建领主则土地所有权和臣民统治权合并于一身，而在士大夫阶级，则前者权力分属于个人，后者权力分属于官府。由士大夫阶级内部看，确和封建时代不同，由士大夫阶级和农民的势力关系看，又和封建时代无异。

士大夫阶级的势力表现于政治则为官僚政治。对战斗团体的依赖性及对生产庶民的抑制性是官僚政治的特征。表现于社会上人与人的关系则为隶属关系。表现于思想则为等级思想。这种社会实具有封建社会的重要象征。工商业资本主义在这种势力桎梏之下，没有发达的可能。这种势力，只有叫做封建势力。要把封建势力支配下的社会分解，可如下图：

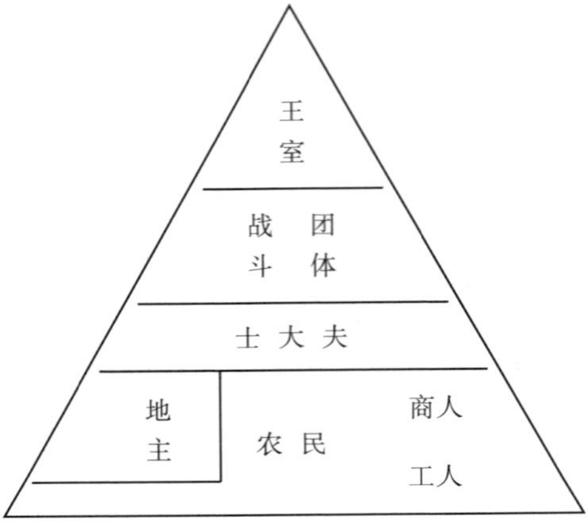

（注）地主指没有士大夫身分的地主

综结上述，封建度制虽已破坏，而封建势力还存在着。封建势力便是中国资本主义不能作进一步发达的桎梏，也便是中国农民痛苦的源泉。

四、帝国主义侵略下的封建社会

上面的说明，可完全适用于八十余年以前的中国社会，但对于八十余年以来的中国社会，却只可部分的适用。这是因帝国主义的侵略引起了中国社会构造的改变。

中国的政治组织整个建立在乡村的农民之上，而士大夫也便是农民所养育的游惰阶级，这个阶级是封建社会的身分阶级的扩大，其阶级支配在以政治力量执行土地所有权并保障其身分信仰。个个地主与佃农雇工之间保存着多少封建的意识，而整个阶级与农民之间的势力关系则纯为封建的阶级关系。

自帝国主义势力侵入中国以后，这个身分阶级已陷于破坏及紊乱时期。在从前士大夫阶级俸给及租粿所得大抵投于土地的购买，所以土地价值的流通化，是中国从前的经济构造一个特征，虽有人会认为资本主义的征象，而不知这正是封建士大夫阶级生存的表现。自帝国主义的经济势力，发展中国的城市经济并破坏中国的农村经济以后，投资的方向因之一变，而群趋于工商业的经营。因此便生出下面的现象：

（一）金钱的崇拜代替了身分的崇拜，第一使士大夫阶级崩溃，第二使商人僭有士大夫从来的信仰。

（二）富裕的士大夫（官僚）渐投资于工商业，使士大夫阶级兼地主与资本家。

复次，帝国主义第一期的侵略是在协定关税及通商地制度之下，输入大量的商品于中国，与中国土货争市场。第二期的侵略却是在中国内地设立工厂，发展产业于中国境内。第三期的侵略更变换其性质。除继续商业的及产业的侵略以外，运用其雄厚的资本于中国境内，使中国工商业于屈服于市场竞争之外，还附庸于外国投资。中国的社会构造又有重大的改变。在第一期，发生了外国商店的代理人，即买办阶级。在第三期发生了运用外国资本及以外国资本为后援的中国资本家。而第二期中，与外国产业竞争失败的中国产业，到这个时期，成为了外国资本的销纳场所。在这种情形之下，从前受封建势力的支配的中国资本主义得到一种非正常的发展。在法律上，中国的资本分属于外国资本家、买办、官僚及中国资本家，但在经济上，则莫不附庸并屈服于外国资本之下。以外国资本为中心，形成了一个资本阶级。这个阶级是由生产过程中产生出来，和士大夫身分阶级不同，如没有帝国主义的侵略,必没有产生的可能。但因有士大夫阶级的存在,资本阶级颇具有士大夫阶级性,更容易和战斗团体结缘。又因为资本阶级的发展,不是中国经济构造内部自发的形式,而是由中国经济构造外部的轧轹,所以虽看见资本阶级的成立,而看不见封建思想的破坏和民主革命的成功。

若分解帝国主义侵略后的社会构造,则可如下图:

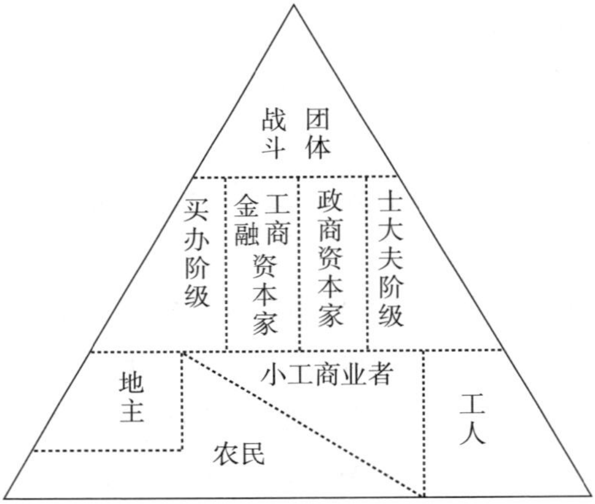

五、阶级社会

第三个要解答的是中国社会有没有阶级?

讨论这个问题以前,我要提到主张阶级斗争是一件事,认识社会阶级的存在,是另一件事。总理在《实业计画》里说:

> 世界有三大问题:即国际战争,商业战争,与阶级战争是也。

同时又说：

> 中国因工业进步之迟缓，故就形式上观之，尚未流入阶级战争之中。

《军人精神教育》第三课说：

> 夫民生主义则为打破社会上不平等之阶级也。

同时又说：

> 以中国论，现时尚无大资本家专制之弊。然将来实业发达，则亦必有社会革命问题发生。

总理是承认阶级并承认阶级战争的。但是中国尚没有严重的阶级对立，所以不主张促成阶级战争。一方面虽不主张阶级战争，他方面又不否认中国有资本阶级的存在。《实业计画》里说：

> 资本家之在中国寥若晨星，亦仅见于通商口岸耳。

《军人精神教育》里说：

> 中国今日虽无大资本家，然其见端固已有之。

社会阶级的存在与否，是要从事实上去观察，决不必因本党反对狭隘的阶级战争，遂否认中国有社会阶级。

第一，资本阶级与无产阶级，已有“见端”。试就新式产业观察，中国产业近年来有进步的倾向，就机器和原料的输入额说：大战发生前一年（1913年）总额为8,019,000两，到1921年，为73,212,000两，1922年为66,784,000两，超过1913年八九倍。产业的发达，使工农商业的资本激增，而资本集中的现象也很显著。1912年工业公司数为531，资本为54,808,202元，至1919年，公司数减为425，资本额增为129,221,247元。农业公司1912年数目为171，资本额为6,351,672元，至1919年，公司数减为102，资本额增为12,468,804元。商业公司，1912年为131，资本额为13,427,249元，至1919年，公司数不变而资本额则增为24,091,630元。工厂工人的数目达20万，而1915年农商部统计，手工业工人有11,483,598人。而工商业者有2,388,190户。

第二，农村阶级的现状，为事亦属可惊。我现在把公孙愈之先生在《前进》第四期《中国农民问题》一文中所列表式及论断节抄下来。

去年谭平山在汉口土地委员会宣布的两个表抄录于下：

按百分法计算各层的农户，其结果如下：

a.一至十亩的农户有百分之…………………… 44.45

b.十至三十亩的农户有百分之………………… 24.73

c.三十至五十亩的农户有百分之……………… 16.21

d.五十至一百亩的农户有百分之 ……………… 9.57

e.百亩以上的农户有百分之 …………………… 5.33

按百分法计算各种农户的土地分配，其结果如下：

a.平均有五亩地的占土地百分之 ……………… 6.16

b.平均有二十亩地的占土地百分之…………… 13.26

c.平均有四十亩地的占土地百分之…………… 17.44

d.平均有七十五亩地的占土地百分之 ……… 19.40

e.有百亩以上的占土地百分之 ………………… 43.00

宣布以上的"统计表"之后，于是当然的结论，就是中国土地的分配非常不均。因为百分之五的农户要占百分之四十二的土地，而一亩至十亩的农户，虽然居全农户的百分之四十四，却只占百分之六的土地！然而公孙先生知道这个统计完全是假造的。日本东亚同文会也有一个估计，抄录于下：

所有面积	共占全耕地百分之几
十亩未满的 ……………………………………	42.3
十亩以上的 ……………………………………	26.6
三十亩以上的 …………………………………	15.8
五十亩以上的……………………………………	9.7
百亩以上的………………………………………	6.6

这个统计，自然也不可信。然而最滑稽的是它与共产党的"统计"恰恰相反。它说十亩以下的农户占土地百分之四十二，而百亩以上的农户占百分之六。据公孙先生的意见，无宁说东亚同文会的数字比较的近于事实。中国很少大地主，这几乎是公认的事实了。

> 中国虽然很少大地主，却是一切地主所占的土地确是不少。同时，地租很高，佃户和农业工人所受的压迫很重，这不但是我们自己所熟知，也是许多欧美人的调查所证明的。
>
> 综合许多材料，可以说中国全国的耕地，百分之五十以上是佃田，而地租平均总在耕地收获的百分之五十，在南方较重，在北方较轻。

以上是公孙先生的论断。

中国全国耕地百分之五十以上是佃田，所以地主和佃户的阶级现象很是可惊。总理《民生主义》中“耕者有其田”的主张便是根据这种现象的。《民生主义》第三讲说：

> 中国现在虽然是没有大地主，但是一般农民有九成都是没有田的。他们所耕的田大都是属于地主的，有田的人自己多不去耕。

农民问题，大地主多固然是严重，大地主少也不失其严重的性质，因为地主和佃户的实际情形是如上所述的！

产业状况和农村状况既如上述，我们断不能说中国社会没有阶级的存在。中国社会固然不像欧美资本主义社会那样一个阶级社会，也不是像原始社会那样，是一个没有阶级的职业社会，这是从上面所述，可以断言的。

六、结语

中国社会是什么社会呢？从最下层的农户起到最上层的军阀止，是一个宗法封建社会的构造，其庞大的身分阶级不是封建领主，而是以政治力量执行土地所有权并保障其身分的信仰的士大夫阶级。中国资本主义受这个势力的桎梏，所以不能自发的发展。自帝国主义的经济势力侵入以后，上层社会除兼地主与资本家的残余士大夫阶级而外，新生了以帝国主义资本为中心的资本阶级。在都市，资本阶级与无产阶级的对立，已有"见端"。在乡村，全国耕地大半属于地主而为佃田，农民土地问题形势极为严重。

中国社会便是这样一个社会！

附注：作者执笔的时候，正是在上海养病的时候，手边没有一本参考书，在发表以求同志严重批评的当儿，向读者抱着无限的歉意。

十七，八，十九

第三　士大夫身分的发生发展和变迁

——从中国社会史上观察中国国民党

一、古史之民族的分析

中国的民族不是单一的民族，所以中国的文化也不是单一的文化。中国的文化是多数文化的混和。

夏殷周三代文化的不同，我们在古书上是常常看得出的。在一个科学的考古家看来，夏殷周的史实，没有多少靠得住的，但是从这些不大靠得住的史实上，我们仍不难看出中国古代民族的复合与文化的混和之迹。

我想举宗法做一个例。宗法是有周社会生活的重要形式，这是无疑的。由宗法制度演绎出来的宗法理论，虽靠不住是与实际的宗法制度相符，然而周和姬姓宗国的鲁，是行父系父权父法的宗法却可以推知。若依宗法而分析古代的社会，我们可以得到两个结论：

第一，宗法制度只是周族的制度而别族则殊不尽行。宗法是取长子继承制，所谓“立嫡以贵不以长”，而殷则以弟继兄，楚则行少子继承制，所谓“楚国之举常在少者”。宗法是取宗族外婚制，所谓“系之以姓而弗别，缀之以食而不殊，虽百世而婚姻不通者，周道然也”。但周以前则殊不尽然，即如传说中之殷，不同高祖的男女便可以通婚媾，而殷后的宋，复有大夫三世内娶的事情，为据鲁尊周的《春秋》所诮病。宗法的宗教是尊祖，而齐俗却拜山川，方士者流大抵出于齐国。楚、越则事鬼神，越以巫觋著名，楚以歌招传世。就这些例证看来，在周代，虽国内奉周为宗主，而周的文化还没有普及到周外的侯封。

第二，宗法制度只是贵族的制度而平民则殊不尽行。宗法是以世禄为基础的。传承始祖世禄的长子长孙，以世禄为宗人的维系。世禄不行，则宗法即废。世禄是士大夫的特权，至于庶人则不能以宗法来收族，只可以闾保来编户。每一个农户，受公田百亩去耕种。三十受田，六十归田。这是儒者的理想，也可以说是“庶人无宗”的实际制度的演绎。因为“庶人无宗”，所以以宗法为中心的礼，不行于庶人，而为士大夫独有的仪节。士大夫对于庶人，只以刑来行事。所谓“礼不下庶人，刑不上大夫”，十足的表示出古代贵族和平民阶级的对立。

本来，周室建国，是以武力克复中国旧来的民族之后，分封异姓功臣和同宗子弟，一方面在同宗宗族内，厉行“本支百世”的组织；一方面于异姓各族间，交互通婚，以组成亲戚之网；而对于兵力所不及的异族则或加以羁縻，使加入贵族阶级，其兵力所及者则夷于被治者地位，便化为庶人。因此周的文化逐渐成为贵族的文化，因为周的民族逐渐化为贵族阶级。

贵族政治至春秋战国时代，起了动摇。三家据鲁，三家分晋，田氏篡齐，这些事实证明了旧贵族的权力逐渐移于官僚。至侯封与侯封之间，经过了许多的战争，战争的结果，一方面弱者被并于强者，他方面因为权力集中于治者而形成中央集权，破坏了旧日的封建制度，因为国土渐大，又因为中央集权，各国政治遂渐趋于法治。这种趋势，到秦灭六国而达于极点。

儒家的学说即发生于这个时期，以贵族政治为理想政治而掺杂着官僚政治的主张，所以孔子对于上述的趋势持反对的态度，据鲁尊周而著《春秋》，固执宗法与封建制度，对破坏这种制度的事实加以严厉的批评。孔子以降的儒家，仍坚守师说，其所流传的《礼经》和《礼记》，尤其是这种学说的结晶。

二、井田制度与土地税法

在春秋战国时期，知识学问已由贵族而传播于平民，贵族政治一变为官僚政治，贵族阶能被代替于士大夫阶级。三晋的法家所主张的是集权的法治，而周鲁的儒家所惋惜的是封建的礼治。两种学说之间，显然表现着时代蜕化之遗迹。

这个时期，中国经济的发展，是什么情形呢？我们由种种史料，尤其见太史公《史记·货殖传》的记录里面，可以看得出商业资本的发达，同时可以看得出土地私有制度的完成。而儒家对于土地私有制度却持反对的论调，而主张井田制度。

庶人在商业资本中的经济活动和其在土地私有制下基础的巩固，为战国时代各国政治渐趋于中央集权及各国领土渐趋于扩大的一个重大原因，在这种趋势中间，为之牺牲者当然是旧贵族阶级。所以儒家学说反对商业的发达和土地的私有。井田制度的主张便是一个好例。

井田制度，无论何人俱承认是原始共产制度的一种。设果为原始共产制度的一种，则建设在井田制度上的社会，便确是原始共产社会,无贵族与庶人中之分。每个人民都是社会生产的一分子。然而儒家所主张的井田制度,决不是没有阶级的社会经济制度,而是与贵族庶人阶级对立状态同时并存的一种奇妙的理想。无论何人不能否认古代雅典的民治国家是建设在数倍于自由民的奴隶身上的国家。无论何人不能否认现代澳洲白人的自治社会是建设在数倍于白人的土人身上的社会。井田制度何莫不然。井田制度的精神在:公田的耕作出自农家,而农家的土地不能私有。公田的出产归于公家,作为"设官分职"的俸禄。贵族据俸禄所得以立宗,于宗法组织之中,巩固其势力以君临于没有经济基础的劳动农民之上。换句话说:整个的贵族阶级剥削整个的庶人阶级,而使庶人不得据有土地以树立其经济基础,这便是井田制度的精神。井田制度不是土地私有制而是土地的阶级独占制。

土地的阶级独占制是中国土地税法的基调。无论是贡助彻,或是租庸调,或是两税法,都不外是庶人依土地或户口而纳租税或出劳力,以资给国家,而所谓国家者,在古代为贵族的私有物,在后世为士大夫的独占品。换句话说:独占土地租税的收入的人们,为观念阶级,为治人者,为劳心者。贡献租税劳力的人们,为生产阶级,为治于人者,为劳力者。

三、身分差别与阶级流通

古代的贵族与庶人两阶级间有两种关系,后世士大夫与庶人阶级间也是一样的。第一是身分的差别很明。第二是阶级的流通性很大。儒家的学说深以阶级流通性强大为然,所以极力赞赏选举制度，这种制度遂流为后世的科举。

庠序的制度是为贵族设立的知识独占制。只有贵族才可以入庠序求知识，至于庶人则只有力田。有政治知识并有从事于政谈的余暇的贵族，一因其血统的优越，二因其知识的优越，便取得了庶人的崇拜，以巩固其特殊的地位。

至于选举制度未必行于周时。不过在春秋以后，知识流传于庶人，而庶人中有求知识及作政谈的余暇者，便主张一种选举制度，使庶人中的优秀分子有入学求官的机会。治者阶级也觉得吸收庶人中优秀分子以加入贵族阶级的外围，是缓和被治阶级感情的手段，在知识流传于庶人的时期，这个手段实有必要。这便是选举制度乃至科举制度流行于后世的原因。而在选举制度尚未实行以前，则有养士的风习，其用意和选举制度相似。

在春秋以后，贵族阶级渐趋崩溃，庶人中的优秀分子渐次蒸腾，初则为贵族所驱策，形成孟尝、春申等养士之风。次则自取爵位，蔚为布衣卿相之盛，如范雎、蔡泽、苏秦、张仪等。这便是贵族阶级蜕化为士大夫阶级的开始。在此时期，贵族中的"下士"者，与庶人中之优秀者，为士大夫阶级的成因。直至秦皇统一中国以后，这个阶级，虽不见用于朝，而自信仰于野。秦皇虽集大权于一身，终不能抑制这个阶级的叛举。陈胜的冒称张楚，项氏的号召遗民，六国后裔的勃兴，楚怀名义的设立，都是贵族与雄桀混和的社会势力的表现。

四、贵族特权与官僚政治

封建制度破坏后，采邑制度代兴。卿相的俸禄出自采邑。采邑本是贵族的特权,但是有政权的官僚也得食采邑,而有采邑者却不一定便有政权。这样的贵族特权和官僚政治的分歧至汉代而益著。汉的制度,刘氏得封王,有功得封侯,但是王侯所在地的政治仍操在朝廷委派的官吏之手。所谓王侯,不过是一种法律上的特权,与政治不相关涉,武宣以后,分判尤明。自此以后,凡帝王子弟,若不兼为地方大吏,如州牧刺史之类,则没有主持行政的威权。强悍的贵族反必须兼任地方官或强劫地方官,以取得政治的地位。

秦汉以后,中国已由封建制度进入官僚政治时期。政治的力量由贵族阶级移到了士大夫阶级。此后中国一治一乱,莫不由于这个阶级的内哄。而以这个阶级为背景的官僚政治,也发生了极大的弊害。

五、士大夫阶级的特质

在资本主义社会,知识分子本散布于资产阶级和无产阶级之间,决没有自成阶级而有其独特的利益的事情。中国的士大夫阶级却不尽然。先就其成因来说:

一、中国的士大夫阶级是封建贵族的扩大。其个人的生活赖地租,其阶级的生存赖赋税,其身分的信仰由于知识的独占。所以士大夫阶级一方面和地主有共通的利益,一方面却与生产组织中任何阶级利益不同。

二、中国士大夫和庶人间流通性极大。选举或科举制度蒸发庶人中优秀分子加入于士大夫。与士大夫通婚者及士大夫的近亲,常取得士大夫的身分。曾有官阶者,无论其由捐买或考试,都取得士大夫的身分。士大夫的子孙常继承父祖的光荣，所以庶人很容易升化为士大夫。为士大夫，便不复以体力劳动为生活，所以士大夫很不易再做庶人。因此，中国的士大夫数量随时代而俱增，每超过一个社会所必需的观念劳动者的数量。

物质劳动者农工商以外，遂渐形成数量庞大而利益悬殊的士大夫阶级，这确是中国社会的一个特点。再就其特质来说：

一、游惰性。奥本海麦尔论人类求生存的方法，一为经济的方法即劳动，二为政治的方法即剥削。《史记·货殖传》亦谓："刺绣文不如倚市门。"人若可以游惰为生，没有愿意劳动的。所以士大夫依其身分以为生，决不愿从事于农工商业的劳动。

二、倚存性。士大夫的生活，为取得政治地位，取得政治地位的方法，在古代倚赖贵族的援引，在后世倚赖帝王的知遇。而当乱世，则倚赖于军事集团，所谓"良禽择木，良臣择主"，为乱世士大夫栖栖遑遑之所有事。

三、争讼性。因生活须倚赖于知遇和援引以取得政治地位，又因士大夫的数量常超过政治地位之所需，所以士大夫彼此之间，常有门户之争，立异鸣高，冀得军事集团或帝王之一顾。

由于以上各特质，士大夫阶级实为中国治乱之原。优秀分子大抵贱工贱商而趋于政治活动，则生产技术不易改良，而农工商业不能进步。游惰者多，官位又少，则政争便由此激发。改朝易代的不变的法则，我们遂因此可得而言：

一、在朝的士大夫腐败相仍，优秀有为者沉沦于下位。

二、政治恶劣，赋税烦苛，农民群众感受痛苦。

三、农民暴起，造成新军事集团。

四、沉沦的优秀有为的士大夫依附于新军事集团，以推翻旧治者阶级。

但是中央和地方政务和事务的处理，需要多量的官僚和吏胥。依附于新朝的士大夫断不能尽驱旧日的官僚吏胥而尽代以新起的人员，所以朝代虽改而小官僚和吏胥却大体不致换人。至于农民暴起，造成新军事集团的方式，又可以分为两种：

一、军事首领系起自农民，如刘邦、朱元璋。

二、军事首领系旧朝的将士，因征讨农民叛乱，而渐拥重兵，如曹操因讨黄巾及讨董卓而形成军事集团是。

士大夫依附新军事集团的方式也有两种，而两种却是并行：

一、在初起事时，往依为策士谋臣。

二、在已成事后，受诏为达官大吏。

所谓"马上得天下，不能以马上治之"，所以独占政治知识的士大夫有的是出路。中国人士，机会主义者之多，便是这样养成的！但是士大夫阶级也不是永久投机的社会群，依中国历史的事例推之，我们得到两种原则：

一、在农村生活安定，农产丰收，士大夫质量较纯，数量较少的时候，他们便相率而砥砺气节。如东汉一朝，实为士大夫极盛时期。

二、在政治暴虐，农民不安，大乱将起的时候，虽间有一部分反抗朝廷，批评朝政的分子，如汉末的党人、明末的东林等，然大抵群趋于权贵之门，以求生活。

但砥砺气节轸恤农民的士大夫仍不能舍弃其政治活动本位而为农民谋利益。其所抱基本观念，和其所理想的政治制度，不外三种：

一、等级社会——《礼》所谓：尊尊亲亲及男女有别。

二、贤人政治——《书》所谓"天生蒸民，作之君，作之师"，以君师的资格教化蒸民。

因此数千年改朝易代的斗争，从没有社会革命及民生革命的性质。并且士大夫阶级的活动都以取得政治地位为中心，因此，自战国以来，这个阶级早具有超民族超国家的特性。所以他们的又一个理想是：

三、世界主义——孔子所谓："如有用我者，吾其为东周乎！"故历干七十二君。此外，魏鞅相秦，诱败魏军的故事也不一而足。下至现代的曹章陆，从士大夫立场上说，算不得严重的事体。因此，中国民族历次抗拒异族的活动中，常有勾结异族的官僚和将吏。

士大夫阶级的特质有如上述，所以中国的官僚政治有下面的弊害：

一、倚存性——倚恃军事集团或外国势力。

二、压迫性——抑制民权的发展。

三、剥削性——剥削民生，不能扶助农工商业的发展，更无意改良农工商人的生活。

六、近百年来的士大夫阶级

自帝国主义的势力侵入中国以后，中国的经济状况有影响及于士大夫阶级者，其一为乡村经济的破坏。因此士大夫个人所赖以生存的地租不足供个人的生活，旧来门第遂不能长久维持，达官大吏的子孙易流为流氓地痞。从前官吏俸给所得常以土地为投资的方法，自乡村经济日益破坏以后，土地渐不宜于投资，较富的官绅遂流为商业资本家或买办阶级。其二为自由竞争的激烈。

在都市中，帝国主义资本的势力，驱市民于商工业的自由竞争。在自由竞争中，过去士大夫维持一己生存的身分，没有存留的余地。所以士大夫的社会地位逐渐沦落与商工业者等量齐观。同时商工业者依其经济地位之高，在平民眼光中，反嵌入士大夫的社会地位，把持行政，武断乡曲。其三为民族资本的不振。若资本主义能尽量发展，则士大夫将大量吸收于生产组织之中，不复全体集中于政治地位的争夺。但帝国主义侵略下的中国资本主义没有自由发展的可能。初则因关税不能自主，外国商品侵占国货的销场。次则因外人设厂于国内，帝国主义在国内发展产业，妨碍中国产业的发展。末则因外资输入，一切产业非倚赖外资即不能够图存。所以官僚资本家除为外资经手人外，又多陷于破产之中。

中国近百年经济状况不利于士大夫，同时，政治状况也有重大的影响。其一，帝王制度崩坏，士大夫只有依附于各个军事集团，形成了近年来政客造乱的局面。其二，军阀的兴败无常，增进士大夫阶级的投机性。其三，割据的局面不需要有政治素养的官僚，因此军阀多援用私人，而优秀的士大夫无政治的出路。其四，科举制废，学校制兴，知识分子的产生尤较从前为多量。

中国近年来的政治经济状况皆不利于士大夫阶级，实为中国士大夫阶级分化的总因。一部分的士大夫依附于帝国主义及军阀而为官僚资本家和政客。此外一部分则沦入农工群众及流氓社会中间，无门第可言，无身分可据，渐丧失其士大夫阶级的特性。

七、中国国民党的基础

甲、中国社会的解剖

由上面所说:我们知道中国社会,一方面有生产组织内的各阶级,一方面有生产组织外的士大夫。士大夫的利益一方面和生产组织内地主资本家相通,他方面却又和生产组织内各阶级的利益相对立。整个士大夫阶级的生存有赖于生产组织内各阶级缴纳的租税。但自帝国主义侵入中国以后,士大夫阶级起了分化,一部分依附帝国主义及军阀以图存,一部分却沦入痛苦民众之中,失业失学,渐消失其士大夫阶级的特性。

乙、总理立党的精神

中国社会组织既如上述,那末,中国国民党应以那一种民众做基础呢?在总理最初立党,已看透了士大夫阶级的不可与有为。《中国之革命》一文中有言:

> 乙酉以后,予所持革命主义,能相喻者不过亲友数人而已。士大夫方醉心功名利禄,惟所称下流社会反有三合会之组织,寓反清复明之思想于其中。虽时代湮远,几于数典忘祖,然苟与之言,犹较缙绅为易入,故予从联络会党入手。
>
> 迄于庚子,以同志之努力,长江会党及两广福建会党,始

并合于兴中会，会员稍稍众，然士林中人为数犹寥寥焉。

庚子以后……士林中人，昔以革命为大逆无道，去之若浼者，至此亦稍知动念矣。

此后欧洲及日本留学生始渐渐加盟，成立同盟会。这样的成分的同盟会自然不是士大夫党，自然可以积极行动，经过了十次失败，终不屈服，始有辛亥推翻帝制的成功。

辛亥革命以后，民国成立，依总理的计画，应当依革命进行的三个时期，建设国民政权，革命进行的军政、训政、宪政三时期"为荡涤旧污，促进新治所必要之历程"，今放置不行，其结果遂"粉饰旧污，以为新治"，甚且"发扬旧污，压制新治"，而"不过以新官僚代旧官僚"，不徒不能为民众利益而实现民生主义，且并革命的政党也同归于尽。

少数革命党就被多数的官僚包围。那般官僚说："革命军起，革命党销。"当时的革命党也赞成这种议论。（对第一次全国代表大会开会演说词）

于是改革命同盟会为国民党，改民生主义为"改良民生"，做一个普通的政党，致力于议会运动。

在此种情况之中，使当政府之局者为忠于民国之人，亦无由致治，仅可得小康而已。（《中国之革命》）

所以，总理在此时期，不去与闻党务。总理在民国初元，正主张着手于社会革命。在解职临时大总统时对同盟会演讲里说：

今日满清退位，中华民国成立，民族民权两主义俱达到，唯有民生主义尚未着手，今后吾人所当致力的，即在此事。

在上海南京路同盟会机关的演说里说：

前二者（民族民权主义）吾同志既已洒几许热血而获今日之成功，则今日更宜极其心思尽其能力，以达最后之目的（指实现民生主义）。

因此，总理于二次革命失败后，以极严密的纪律，组织中华革命党。中华革命党内容非常秘密，但其注重于民生主义的社会革命政纲的信守，则可以推知。而其以严密的纪律，排斥投机的士大夫，使成为革命分子的集团。尤为明显的事实。但是革命方略却与从前无大差别。从前的革命运动多倚靠兵力的奋斗，"中华革命党唯一之宗旨，是以革命之精神，而图主义之实现"，但其用意仍在一扫党内同志对二次革命失败的灰心，恢复庚子以后百折不挠的勇气。后来袁世凯死后，黎元洪继任，党内同志"又不能继续奋斗到底，人人以为黎氏复职，民国致治可以逐渐整理，不肯继续革命"（国民党改组演说词）。这是因为什么呢？这是：

因为吾党尚欠缺力量之故。所欠缺者是何种力量？就是人民心力。当时中国人民不赞成革命，多数人民不为革命而奋斗，革命行动而欠缺人民心力，无异无源之水，无根之木。

（国民党改组演说词）

总理深知：

今后奋斗之途径，必先要得民心，要国内人民与吾党一个志愿，要使国内人民皆与吾党合作，同为革命而奋斗。必如此方可以成功，且必有此力量，革命方可以决其成功。（同上）

所以决定于民国十三年改组中国国民党。

此次吾党改组惟一之目的，在乎不单独倚靠兵力，要倚靠吾党本身力量。所谓吾党本身力量者，即人民之心力是也。吾党从今以后，要以人民之心力为吾党之力量，要用人民之心力以奋斗。人民之心力与兵力二者可以并行不悖，但两者之间，究应以何者为基础，应以何者为最足靠？苦单独倚靠兵力，是不足靠者，因为兵力之胜败无常。吾党必先有一种力量做基础，然后兵力有足靠之希望。假使没有一类基本力量做基础，虽有兵力亦不足恃。（同上）

要使革命成功，必须党员人人皆为党奋斗，感化民众，得到民众的赞助，这种奋斗，可谓之以主义征服。要求这样真正的成功，又必须

吾党同志的奋斗，不要仍守着旧日人自为战的奋斗，要努力于有胆识，有系统，有纪律的奋斗。（同上）

换句话说:民国十三年改组的根本精神在确定本党的基础在于中国的多数民众。再换句话说:改组的精神在:

> 以严格之规律的精神,树立本党组织之基础,对于本党党员用各种适当方法施以教育及训练,使成为能宣传主义、运动群众、组织政治之革命的人才,同时以本党全力,对于全国国民为普遍的宣传,使加入革命运动,取得政权,克复民敌。(《第一次全国代表大会宣言》)

至于消极的方面,总理尤注意于士大夫阶级分化后为帝国主义军阀供驱策的官僚,决计排除于本党以外:

> 今回想革命未成功以前,党人牺牲性命为国效力,艰难冒险,努力奋斗,故能成功。武昌起义,全国响应,民国以成,而反对革命之人,均变为赞成革命之人,此辈之数目,多于革命党何啻数十倍,故其力量大于革命党。乃此辈反革命派,即旧官僚,一方参加革命党,一方反破坏革命党,故把革命事业弄坏,实因我们方法不善。若有办法有团体来防范之,用对待满清之方法对待之,则反革命派当无所施其伎俩。(《国民党改组问题演说词》)

丙、中国国民党的基础之分析

自总理联络会党以组织兴中会至十三年改组本党,以严格的纪律训练党员便致力于宣传主义运动群众,数十年间的立党运动实有一贯的精神,其精神惟何?在于为民众而奋斗。十三年改组以后。本党的基础尤为确定,基础惟何?在于全国多数的民众。本党的基础的民众是那些民众呢?

第一是农夫工人。

> 中国以内,自北至南,自通商都会以至于穷乡僻壤,贫乏之农夫,劳苦之工人,所在皆是。因其所处之地位与所感之痛苦,类皆相同,其要求解放之情至为迫切。则其反抗帝国主义之意亦必至为强烈。故国民革命之运动,必恃全国农夫工人之参加,然后可以决胜。国民党在此一方面当对于农夫工人之运动以全力助其开展,辅助其经济组织使日趋于发达,以期增进国民革命运动之实力,一方面又当对于农夫工人要求参加国民党,相与为不断之努力,以促国民革命运动之进行,盖国民党现正从事于反抗帝国主义与军阀,反抗不利于农夫工人之特殊阶级,以谋农夫工人之解放,质言之,即为农夫工人而奋斗,亦即农夫工人为自身而奋斗也。(《第一次全国代表大会宣言》)

第二是商人。

> 中国民族政治上经济上皆日即于憔悴,国民党人因不得不继续努力以求中国民族之解放,其所恃为后盾者,实为多数之民众,若智识阶级,若农人,若工人,若商人是也。(同上)

那一种商人才是本党的基础民众呢?受帝国主义经济压迫的

工商业者，才是本党的基础民众，至于“依附帝国主义而生存之国内外资本家”——即买办阶级，则非本党所当扶助。

第三是知识阶级。——但决不是倚媚外国，压迫农工的士大夫。必其为丧失士大夫阶级的特性或新兴的知识分子，与生产组织中各阶级有同情的感觉，并在本党民权主义之下，享有革命民权的，才可为本党的基础。本党决不代表中国数千年来从事于官僚政治活动的士大夫。本党所建设的政治是民主政治，决不是士大夫阶级对公职私权的斗争。争夺公职私权的士大夫完全寄生于生产组织中各阶级血汗之上，决没有为民众奋斗的意思，尤没有领导民众使为自身奋斗的意思。

丁、中国国民党的社会基础

由上面所说，我们可以断定中国国民党不是超阶级党，也不是一阶级党，乃是代表农工商及革命知识分子等被压迫民众的党。

为什么不是一阶级党呢？

党的纲领政策和倾向，由一阶级的立场出发，并适合于一阶级利益，则这个党是一阶级党。一阶级党有的自认是代表一阶级，如共产党和各国社会党，都自认是无产阶级党。有的不自认是代表一阶级，如英国保守党并不自认是财政资产阶级党。中国国民党是致力于国民革命的党，国民革命必须全国多数民众参加，而不是一阶级革命，所以中国国民党不是一阶级党。

为什么不是超阶级党呢？

有许多党常自认为超阶级党，例如俄国立宪民主党。又有许多党自认为阶级之间的党，例如俄国社会革命党。中国的国家主义派自认为全民党，也不外是超阶级党的意思，但是党没有超阶级的。党的纲领和政策必须得到某种民众的赞助，才可以达到党的目的，才可以完成党的使命。做议会运动的政党，如果没有选民的赞助，必不能使其候选人当选议员。做革命运动的政党，如果没有革命民众的拥护，必没有夺取政权的力量。所以党没有超阶级的。在中国，本有超阶级的社会群，这便是过去的士大夫阶级。唐代的牛李，宋朝的蜀洛，民国的研究系安福系，这都是士大大做政治活动的集团。如果这些可以叫做党，那确有超阶级的性质。士大夫是超阶级的，超出生产组织各阶级以外，自有特殊的利益。但是同时，士大夫又与生产组织内地主资本家利益相通，所以研究系最近出版的宣传品里面主张"有产阶级的大联合"。中国国民党决不是这样的集团。他负有国民革命的使命。而在国民革命中，必须有农工群众参加和小企业家小商业家的协力，才可以完成反帝国主义的运动。必须发展农工商民众的组织，共讨民贼，才可建设革命政权，以达到民主政治。必须运用农工商民众的力量以求人民生活的改良，才可以实现民生主义。站在生产组织以外的士大夫，决没有这种力量，也决没有这种决心，闹来闹去，始终不过是机会主义者。中国国民党决不是站在生产群众以外，为自己争取政治地位的党，所以决不是超阶级党。

中国国民党不是超阶级党，也不是一阶级党，乃是农工商及革命知识分子等一切被压迫民众的革命党。

戊、官僚化的危机

自总理组织兴中会至十三年改组中国国民党，数十年中，革命党的官僚化,常为革命失败的根源。所以十三年改组时期,总理在演词及宣言中,一再确定本党的基础在于民众,而深恶痛绝的排斥官僚。这种精神,自中国社会史观之,实有极大的价值。本党如深植其基础于生产组织内各阶级,则反抗帝国主义发展民众组织及改良民众生活的政纲,必能依民众本身的力量以实现。本党的基础如移植于官僚士大夫,则"革命军起,革命党销",党员人人均将以争得政治地位自足,不复计及利害本不切肤的民众的痛苦,而民众的兴起反将不利于己,更将深恶而痛绝之。而这便是本党官僚化的危机。本党官僚化以后,则党籍成了士大夫升化的阶梯,而政治便成为官僚政治。官僚政治本无革命性之可言,狐媚外国,压制民权及剥削民生,一切反三民主义政策,本为士大夫阶级的官僚政治的根性。

依中国社会史而为推测,这种危机极易触发。中国国民党所以能够集中知识分子于一团而不致堕为士大夫党者,则由于士大夫阶级早经分化,其一部以依附帝国主义军阀为生涯,其一部汩没于农工群众中间,与失业农工同受帝国主义经济压迫的痛苦,不得不以革命为出路。本党的成立,即成立于后者的兴起。本党的失败,即失败于前者的混入。而后者之中,或不免有少数分子,因本党军事成功,取得政治地位而再发挥其士大夫阶级的特质。

为抑制危机的触发,则有本党十三年改组的精神,"以严格之规律,树立本党组织之基础,对于本党之党员用各种适当方法施以教育及训练,使成为宣传主义运动群众组织政治之人才,同时以本党全力,对于全国国民为普遍的宣传,使加入革命运动,取得政权,克服民敌。"换句话说:必须固持十三年改组的精神,始能免士大夫阶级再兴而腐化本党的危机。

八、余论

总理十三年改组本党的演讲和宣言里面,早确定本党的社会基础,并且确定社会基础是改组本党的根本精神。然至今日,党内同志反聚讼于这一点。或站在士大夫观点上主张本党是超阶级党,或指斥本党社会基础论为共产党理论。但是,本党的基础,在十三年已经确定,不用怀疑。若同志于此故意立门户之见,则殊自陷于士大夫阶级的错误。

关于党的阶级基础的共产党理论为何?试一阅共产党史,便可知共产党的理论是主张"无产阶级的领导地位",以为革命运动应以无产阶级为指导者,而共产党则又是无产阶级的前卫。"无产阶级的领导地位"的主张,自一八八九年已为俄国布勒哈诺夫及列宁所阐明,一切关于党的理论都以此为出发点,其言曰:"俄国既有劳动阶级发生,这个阶级不独是革命的阶级,乃是掌握革命的舵之基础的指导的阶级,是有领导地位的阶级。是指导者的阶级。"所以共产党对于农人,只认为联盟者,而对于学生青年,只认为在某种时代是革命者,但同时对于无产阶级加以警告,谓学生在取得了政治的自由以后,将反对无产阶级。换句话说:共产党自认为无产阶级党。除无产阶级外,对农人对学生都不过认为某时代的联盟军。这才是共产党理论。若认中国国民党为农人工人商人及革命的知识分子的革命党,为各阶级革命民众联合的革命党的主张——总理在十三年改组时的主张,在组织兴中会,联络会党时的主张——决不是共产党理论。

我们决不取“无产阶级的领导地位”的一阶级论，同时我们也不取士大夫阶级观察点上发生出来的“超阶级”论。中国国民党有社会基础，其基础是农工商及革命的知识分子，决不止是无产阶级，也决不是官僚士大夫。若承认或容许本党代表超阶级的官僚士大夫，则陷于中国社会史上莫大的错误。

十七，八，九

第四　官僚的发生发展及其在政治上的地位

——官僚制度及其摧毁

一、摧毁官僚制度的必要

在本刊(《新生命月刊》)一卷九号《从中国社会史上观察中国国民党》一文中(本书第三章),我曾说到以士大夫阶级为背景的官僚政治。但是关于中国的官僚政治,还须作更详密的说明。

官僚是集权国家的一个傍生的制度,在中国,官僚发生于封建制度崩坏以后,已历时数千年。这个制度,在国民革命过程中,实表现为革命之敌。因为,国民革命的目的在破坏旧国家而建设新国家——见总理十年十二月对桂林各团体欢迎会演说——破坏旧国家,必须破坏旧国家的官僚制度,在这一点上,辛亥革命是失败的。辛亥革命并没有破坏数千年来的官僚制度,也可以说是并没有破坏旧国家。

总理知道这一点,所以民国八年对上海寰球中国学生会演说,提到下面的几句话:

> 夫一班人以为革命党人只知破坏,不知建设,此大误也。

就吾党观之，只见其急于建设，不能待破坏之完成。所以无用旧物，尚多留置，未经破坏。吾人虽革去满洲皇统，而尚留陈腐之官僚系统，未予扫除，此真吾辈破坏之道未工之过也。

官僚系统（bureaucracy，officialdom）是指一种制度，不是指某若干做官吏的人。所以破坏旧国家的官僚，第一固然要严密革命的组织，不让旧官僚混入革命党，同时不许革命党官僚化；而第二尤其要把一种非官僚的制度去代替官僚制度，那官僚才不致死灰复燃。

在讨论如何破坏官僚制度之先，必须对中国从来的官僚政治加以研究，这便是本文的目的。

二、官僚未发生以前的封建国家

官僚发生在什么时期？由历史上观察，可以下一个断语。官僚的发生，在封建制度崩坏时期。

依古代的传说，五帝的时代，已有官制。太昊伏羲氏以龙纪官，春官为青龙氏，夏官为赤龙氏，秋官为白龙氏，冬官为黑龙氏，中官为黄龙氏。神农氏以火纪官，春官为大火，夏官为鹑火，秋官为西火，冬官为北火，中官为中火。黄帝以云纪官，春官为青云，夏官为缙云，秋官为白云，冬官为黑云，中官为黄云，并立六相及史官，而且官的姓名都有了，如风后、力牧、太山稽、常先、大鸿、苍颉、沮诵等。还有鬼萸苙、羲和、尚仪、车区之辈。更有容臣、隶首、伶伦、荣猿、宁封诸发明家。金天氏以鸟纪官。高阳氏以民事纪官。陶唐氏除皋陶、禹、舜等大臣而外，还有四岳。舜又举八元八凯。

那末，五帝的时代已经有官制和多数的官僚了。

但是这种传说是靠不住的，即令模糊影响的有这么一回事，龙、云、火、鸟，也不过古代各氏族的图腾。在周代以前，我们只可以说当时的中国版图内，不过多数部落并立。部落战争，占满了周代以前的史乘。

各部落的生活是转徙和争夺的生活。向水草及沃壤转徙和争夺水草及沃壤，都足以引起战争。战争的结果，胜利通常归于游牧的部落，而耕种的部落通常屈服于矫捷善战的游牧部落之下。征服部落和被征服部落的武力的结合，便是初期的封建国家。这些小封建国家之间，又有转徙争夺以引起战争的事情，因征服而使多数小封建国家并合。被征服封建国家的贵族（原来的征服者）或夷为征服封建国家的庶民，或加入征服封建国家的贵族，又或列为第三个社会层，对征服贵族纳贡，仍保持其固有的农奴和土地。因此，后期的封建国家通常有三个身分阶级或多到了四个。

在初期封建国家成立以前，部落战争的胜利者每每把失败者的财富劫夺，把失败者的人民杀戮。部落战争的结果，每每止于一次的劫杀。在这种情形之下，封建国家无从成立，初期封建国家的成立，乃在于胜利者认识了保留失败者人民的生命而继续掠夺其耕种所得为有利以后。所以，此后的征服者所欲求的是“土地与农民”。他们掠夺的目标是“土地与农民”，而不是单纯的奴隶。必须到封建贵族认识劳力的价值以后，他们才单纯掠夺农民，分布其已有的土地的上面使之耕种。

依井田和所谓“彻”的税制来看，周代封建贵族所争夺的，还是土地和农民，而不是单纯的农民。但封建诸侯对于农民的招徕，却认为国家的重大问题。由此可知周代的封建国家是后期的封建国家。在这个国家里面，天王之下，侯伯子男为一级，大夫士为一级，庶人又为一级，这便是最下的社会层。

在这个时期以前，国家组织决不会有官僚发生。治理土地和农民的侯伯大夫士，也便是享有土地和农民的侯伯大夫士。换句话说，治理土地和农民的人，便是掠夺土地和农民的人。卿大夫士的所谓俸禄，便是农民耕种土地的所得。在这个时期以前，治理阶级（the governing class）和统驭阶级（the reigning class）是同一的、不分的。治理者便是为自己的阶级利益来治理。

三、后封建时期官僚的发生

后期的封建国家和初期的封建国家，性质相同，但领地的广狭相异。后期封建国家的土地比较的广大。在这种广大的土地上面，建立着多数社会层互相叠积的金字塔。塔的最下层是庶人，庶人的数量居全人口的最大多数。上面一点是大夫士，再上一层是侯伯，最上一层是天王。除了天王、侯伯的汤沐地之外，直接耕种土地的是庶人，而直接享有土地的是大夫士。侯伯、天王离开土地很远的。

天王的领域最大，为“守土”计，自然扩大了诸侯的威权。土地的租税，集中于诸侯，用以编练军队。诸侯因此有独立的财政和军政。这在最初，是由于“守土”的必要；到了后来，大家便各自独立，减杀了共主——天王——的权力。周代至此，已进入了春秋时代的分割局面。

“守土”的诸侯也各有广大的领域。在从前，领主对于农民，除农民生存所必要的资料之外，可以完全收夺到自己手里。在现在，领域大了，需要多数的大夫士，同时需要多数的行政费，从前全部收夺的办法不能适用了。因此，守土的诸侯必须改收租的办法为田赋的制度。农民依照土地的亩数，缴纳定额的赋税。因此，农民渐脱离农奴的地位，成为纳税以外不受诛求的自由民。

田赋的改制是对于大夫士的一个打击，但农民和诸侯同样的希望，同样的致力，所以终于实现。农奴的解放，使农田的生产力增加。农产物的收获和工艺品的制造渐次分工，商业渐盛，商业资本主义渐次发达。各封建国家国内的城市，从前不过是为镇压农民叛乱和收容农民租税，现在渐成了商业的市场。而国际的城市，从前不过是战时的堡垒和平时的守寨，现在渐成了国际的商埠。货币的必要渐急，货币的制度便由此发生了。

田赋改制后，国库的收入，宁以货币为便利。除了河道贯通全国，现物的运输极便，国库还可以征收现物外，诸侯当然会认识征收货币的便利。因此，货币的发生，不独促进经济制度的变革，同时且促进政治制度的变革。

一国的经济力量集中于诸侯，则政治力量也掌握于诸侯之手。其结果，国家为集权的国家，而贵族却日趋崩坏。诸侯为增进收入计，又从事于夺地争城，国际战争尤较从前为激烈。战争的结果，国权常落于将领之手。有权的将领（也是贵族）便取传统的诸侯而代之，因此，更杀戮贵族阶级的同僚，而援引非贵族的战士或知识分子为心腹。

官僚便依上述的情形发生了。在从前，封建首长为争夺土地和农民，所以扩大诸侯的权力；诸侯要治理土地和农民，所以要信托大夫士。大夫士的土地和农民多，便颠覆诸侯取而代之。诸侯的土地和农民多，便颠覆封建首长取而代之。新首长更封建诸侯，新诸侯更颠覆首长。循环不已的战争，占满了封建国家的历史。

到现在，这个循环可以打破了。俸给的官僚，依赖朝廷的俸给，便长此忠奉朝廷。中央集权的国家从此始有了成立的可能性。

四、官僚和地主士大夫的联系

官僚政府和农民的统一战线，颠覆了封建贵族和封建国家。这个过程，发生在战国争雄时期而完成在强秦统一时期。秦不是什么资本主义国家。秦乃是官僚政府和农民的国家，所以能够一举扫灭残余封建国家的六国。

残余的封建贵族曾一度起来和秦国抗争。但是汉以后的官僚势力终较大于贵族。虽历代帝王都分封子弟，享有贵族特权，而政治力量永远掌握于官僚政府的手里（参看本书第三章“从中国社会史上观察中国国民党”之四）。

倘若资本主义继续发达，则战国既亡，秦代既灭，中国应当成立为资本主义国家。那末，官僚政府必忠奉资本阶级而中国国家便成为资产阶级国家。但是封建国家破坏以后，新的国家不是在资本主义的基础上面再建，而是在适应于土地私有制的基础上面再建。在经济上，地主是此后的统驭阶级。在政治上，官僚是此后的治理阶级，沟通这两种人物的，是广大的士大夫的身分。官僚取人材于士大夫，而士大夫则倚存于土地私有权。地主、士大夫、官僚三者形成一个连环，深植其基础于劳苦农民的上面。

士大夫身分和地主阶级的关系，已详著于本刊（《新生命月刊》）第十号（本书第二章）《中国社会到底是什么社会》之三。地主和官僚的关系，也有无限的连锁。虽有非地主的士大夫，但士大夫一入官僚，便成地主。虽有非士大夫的地主，而子弟一旦读书，“学优则仕”，便取得士大夫身分。虽有非官僚的士大夫，但对于农村和城市小市民，仍有支配的力量。在朝为官僚，在野为绅士。在乡为地主，入学从仕则为士大夫官僚。因此，官僚的治理是为地主阶级的利益而治理。

在资本主义国家，资本阶级与官僚的关系，也是统驭阶级与治理阶级的关系。官僚的治理是为资本阶级的利益而治理。但是资本主义国家中资本阶级和官僚的关系还没有中国旧来的官僚和地主阶级的关系那样的密切。资本家大抵自己当产业经营之任，没有工夫去治理国家。地主则除了收租而外，对于土地可常年不置一顾。资本家没有政治活动的工夫，但地主可致全力于政治活动。

官僚为地主阶级的利益而治理，所之历史上贱商的法令，禁止海外贸易的法令，立关卡以阻碍商业的法令，重农业而轻伎巧的法令，叠积重重，无须一一列举。

但是，士大夫身分，存在于生产组织中各阶级的供奉之上。而官僚既是治理阶级，则其生存，实在于生产组织中各阶级缴纳的租税；且为维持并圆活其所掌握的政权计，常把生产组织中各阶级的利益，兼顾并筹。所以官僚，一方面虽常为地主阶级的利益而治理，他方面又有时抑制地主，也有时恩惠及于农民。

如上所述，官僚一方面为地主阶级而治理国家，他方面又有时抑制地主，嘉惠农民，以维持并圆活其所掌握的政权。仅从前者观察，则其结论是摧毁官僚政治，必先摧毁地主阶级。仅从后者观察，则其结论是摧毁官僚政治是一件事，地主阶级是另一件事，两件事没有多大的关联。我以为两种结论都不免于错误。

在能够提出正确的结论以前，有一件重要的社会事实，决不应逃脱我们的观察。这便是:资本主义的发展的停顿对于官僚政治的影响。资本主义发展的停顿,使游惰的士大夫和生产事业绝缘。而生产组织中又常被士大夫身分的机遇之巧合与生活之逸豫所吸引,弃其所业,或使其子弟弃其所业,以加入士大夫,而致身于士大夫的身分。士大夫数量的扩大,使官位的猎取倍加困难,贪求的方法,便因此充满了官僚政治。官僚政府除正常的租税而外,还有对生产组织中各阶级非正当的加征。这是官僚的超地主的特殊利益。

五、官僚政治背景的变迁

自外国帝国主义侵略中国以来,官僚的背景渐从根本上变更。

1400 年以后,意大利成为银行工厂工业的资本主义国家。1500 年以后,发见了美洲及东印度。1600 年以后,荷兰的东印度商会派遣商业舰队到纽约、巴西、锡兰及爪哇等处。1700 年以后,英格兰银行成立,其权威及于美洲东印度等处。1800 年以后,产业革命促进了机器的大量生产,激成了资本主义欧洲各国的世界争夺狂。在这个资本主义渐行到帝国主义的过程中,中国受了什么影响?中国的官僚政府取什么态度呢?

在最初,中国官僚政府对资本主义的使者非常客气。如马可婆罗辈且取得厚禄高官,但是资本主义国家决不以聘问往来自足。1506 年,法国军舰遂示威入港于广州。自此以后,官僚政府及士大夫与农民视欧商为盗,常有拒绝入港的事情。

1842 年《南京条约》强制中国开五港通商。英国资本主义的胜利刺激了各国资本主义,群起竞争。地主士大夫及农民都抱着反抗的态度。官僚政府虽因守轻商的故习，丧失经济利益于不知不觉之中，但也抱反抗的态度。这种态度，在特殊的情势下必然会变更的。果然，抗争外国资本主义同时抗争官僚政治的农民叛乱——1858年，长发的叛乱，促成了资本主义军队与官僚政府军队的联盟。这个原始的民生主义的民族运动平定以后，俄英法与中国官僚的合作关系建立起来了。

自开始资本主义化的日本于1894年战胜中国以后，各国资本主义在中国作政治的掠夺，租借商港，建筑铁路，并开采矿山。这个五年间——1895年至1900年间的政治的掠夺，虽间或有军舰示威等武力为后援，但其最初，却以中国官僚与俄国皇帝自动订立的《加西尼密约》开端。

1900年是欧洲资本主义达到帝国主义的阶段的划分时代的一年，也便是各国帝国主义在中国改变政治掠夺为经济掠夺的一年。在欧洲各国，产业资本与财政资本的输出，代替了从前的商品的输出。在中国，恰当八国联军以后。一方面官僚政府完全屈服于外国帝国主义之下，他方面民族革命运动到处爆发。

中国资本主义化的过程，在初时虽因没有资本主义政治的权力直接促进，非常缓慢；但1900年以后，却又不然。外国资本主义"生产的"投资，对于铁路矿山，和对于产业，都非常增进。就铁路说：

1900年	650启罗米达
1910年	7500启罗米达
1915年	9000启罗米达
1921年	14500启罗米达

就机器的输入说：

1900 年　1.5 百万两

1912 年　50.5 百万两

1921 年　78.5 百万两

就纤杂工业说：

1900 年　500,000 锤

1913 年　1,000,000 锤

1923 年　1,800,000 锤

1924 年　4,300,000 锤

以上的数字，表示外国资本主义指导下的中国产业化的急进的发展。在这个发展过程中，新城市中，工厂、银行、商店，不断的发生并发达。一方面，国民革命运动因农工小市民痛苦的增加和数量的增进而逐渐扩大；他方面士大夫身分因身分崇拜为金钱崇拜所摧残而逐渐崩坏；地主阶级又因农村经济破产而丧失其经济的权威。在革命运动恐怖下，及买办资本家势力前，从来和地主结缘的官僚，很迅速的结合买办资本家而连锁于外国帝国主义的势力。

城市工商银行业在帝国主义资本势力之下，日益发达，诱引官僚俸给和法外所得的投资。中国产业的起源在国外，而不是国内自发的发生，所以交通事业的发生发达不是产业所促成，反为促成产业的条件。中国的产业化过程是和铁路的建设同时开始的。因此铁路是中国最大事业之一，而铁路管理权的争夺和把持，是官僚重大纠纷的一种。在纠纷扰攘里，甚至于形成了政派和政系，并引起重大的政争。

农村经济日益破坏。从前对土地的投资很是一个普遍的现象，近来却有不同。地主与官僚渐没有必然的连锁。

所以官僚和地主的关系渐改移为官僚和买办资本阶级的关系。两者之间,有千百条的线索的牵联。在经济上,地主的地位渐不重要,买办资本阶级殆将居统驭阶级的地位。但买办资本阶级自己没有显著的利益。他们的利益便是外国帝国主义的利益,所以近代中国的官僚是为外国帝国主义的利益而治理国家。外国帝国主义才是中国的最高统驭者。

随中国产业的发达,中国的产业资本也便发生。中国的产业受外国产业和资本的抑制,常濒破产。所以中国产业资本家很强烈的反抗帝国主义。关税的不能自主,是中国商业不能发达的原因,所以中国商业资本家也反抗帝国主义。中国资本家反帝国主义,所以也反对为外国帝国主义的利益而治理中国的官僚政府。不过,薄弱的中国资本主义还不是革命运动中的决定势力。中国革命运动的决定的势力是农工小市民。

六、摧毁官僚制度的原则的方法

官僚的发生及其与地主士大夫及买办资本阶级的连系,已如上述。现在应当来讨论摧毁官僚政治的方法和制度。

在提出原则的方法以前,我们必须知道要破坏官僚政治,应积极的建设非官僚的新制度,不是单纯消极的破坏它便完事。总理在民国十年十二月对桂林各团体欢迎会演说词有明白的指示。他说:

> 革命是破坏的事业,好比拆房子一样。因为想造新房子,不得不把旧房子破坏。想建设新国家,不得不把旧国家破坏。

我们要破坏旧房子才能够建设新房子，也是为了建设新房子才去破坏旧房子。同样的，我们要破坏了旧国家才能够建设新国家，也是为了建设新国家才去破坏旧国家。

无政府主义者主张破坏旧国家，但反对建设新国家。他们主张破坏官僚，但反对革命民众作政治斗争。他们赞成英国旧工会主义，他们反对革命民众夺取或扩张政权。他们以为夺取政权是资产阶级的所有事，所以他们反对革命民众争取并利用政治自由。他们以为政治自由是“闲暇和物质的手段”（Leisure and material means）。他们以为主张无产阶级提出候选人，便是笑骂无产阶级。“无产阶级候选人移转到资产阶级的生活状况里，移转到完全的资产阶级政治思想的空气里，他要去做政客，他不复是真正的工人，他将变为资产阶级，或许还更要有资产阶级气味些。因为并不是人造就地位，而地位却造就了人。”

不错，中国的士大夫身分，常用一种科举制度，把庶人中优秀分子纳入士大夫政治思想和生活状况里面去，一旦入学做官，庶人便变成士大夫。但是，无政府主义者虽知道地位能够转移人，却不知革命能够改造人们的环境和地位。他们更不知道革命民众能够离开资产阶级或士大夫群而造成农工小市民的革命党以从事于政治斗争，从政治斗争中造就人们的环境和地位。英国的旧工会主义，理论上虽不致力于政治斗争，事实上有政治斗争的必要时，却变成了自由党的侍从者。所以革命民众必须受革命政党的领导而从事于政治斗争。

怎样造成革命的环境使士大夫官僚一经破坏便不会复活——使革命者充任公职而不至于变成士大夫——使革命政府的公职不

至于变成官僚呢？

总理已提出了打破官僚士大夫阶级的原则。“五权宪法”演讲里说：

> 政治里头又有两种人物：一种是治人的，一种是治于人的。孟子说：“有劳心者，有劳力者；劳心者治人，劳力者治于人”，就是这两种人。治人者是有知识的。从前的人民知识不开，好比是小孩子一样，只晓得受治于人。现在的人民知识大开，已经是很觉悟了，便要把治人和治于人的两个阶级彻底来打破。

总理的“五权宪法”，是要用考试制度考取候选人，再由选举人就考取的人投票选举，当选的人民代表组织国民大会，为治国最高机关。在行政制度上，县长、省长等职也都由民选。若只加肤浅的观察，考试制度固然是公平且必要的制度，但经考试及格才可当选，那末，国家的政权虽归人民，而治权却被知识分子即“劳心者”所独占，这样的人将构成士大夫官僚阶级。况且在宪政完成即颁布宪法以前，县自治完成的各县虽可以选举县长，和县民代表，但县自治没有完成的各县和县以上的官吏却仍由政府任命。在这个时期又怎样破毁旧国家的官僚制度？“治人和治于人的两个阶级”怎样能够彻底来打破呢？

彻底打破官僚制度的方法便是直接民权中直接选举权和直接罢免权。“五权宪法”讲演里说：

> 五权宪法好像是一架大机器，直接民权便是这架大机器

的掣扣。人民要有直接民权的选举权,更要有罢官权。行政的官吏,人民固然要有权可以选举,如果不好的官吏,人民更要有权可以罢免。

《民权主义》第六讲里说:

这两个权是管理官吏的。人民有了这两个权,对于政府之中的一切官吏,一面可以放出去,又一面可以调回来,来去都可以从人民的自由。

在宪政时期,人民固然对于政府中一切官吏可以选举和罢免,便在训政时期,各县的人民在党的领导之下,也有权对地方官吏行使选举和罢免权。在训政时期,党和政府尤其要依革命民权的精神,领导革命民众,行使直接选举权和直接罢免权,以彻底打破官僚政治。什么叫做革命民权呢?《第一次全国代表大会宣言》说:

凡真正反对帝国主义之个人及团体均得享有一切自由及权利,而凡卖国罔民以效忠于帝国主义及军阀者,无论其为团体或个人,皆不得享有此等自由及权利(指直接民权)。

中国国民党便是一个有革命民权的民众的党。他应当领导有革命民权的民众行使革命民权,以管理官吏。如官吏还是出身于士大夫,而政府不受制于党,则官吏为官僚,而政府将成为官僚政府。“地位可以造就了人”,那末,做官的人也自然变成了士大夫。无论他是否出身于农工小市民,他终将和农工小市民等革命民众居于对立的地位。如果政府和一切公职,完全在党和民众的直接选举和直接罢免之下,那末,在这种环境中间,决没有复活官僚和官僚政治的可能。公职的任免在党与民众的自由,从事政治活动的人们决没有瓜分公职的余地,也决不会再有因瓜分地位而引起的政争。中国数千年来,后封建时期的官僚国家,这样才可以打破。

十七年双十节之前夜

第五　官僚及军队之封建的形态

——中国官僚及军备之社会史的观察

一、对小民族的封建统治

封建制度破坏而后有官僚。封建制度破坏而后有常备军。所以在开始论究中国的官僚和常备军的时候，我们已经可以得到中国封建制度已经破坏了的结论。

中国封建制度的破坏是由于土地私有制和此制所促起的商业资本的发生，这是无疑的，但是，封建制度的破坏完成了吗？资本主义的发达完成了吗？一考中国的历史，我们却不敢肯定。

从中国的政治的领域里面作一番粗略的搜查，我们已经看见了许多的民族的单位(Ethnic Units)，如甘新的回民，川滇的苗瑶，外藩的蒙藏。中国政府对于这些单位的统治方式，完全是封建的方式。一方面任其自存，他方面使其纳贡或纳税。因为资本主义没有发达到驱使这些民族进入都市，进入工厂，所以中国的政治力量虽达到他们整个民族的外围，而他们的内部对于中国政府还没有感受什么影响，除了叛乱时的镇压以外。——然而这属于中国国内民族问题，不在本文论述之列。

如果单就中国内地几千年的历史造成的官僚和军制来说，则去今日不过数十年以前，还没有带多少资本主义的象征，迄于最近，还是一个崩坏中的封建军国。

二、货币数量和私人财富的观察

在“官僚制度及其摧毁”一文中（本书第四章），我们可以看出官僚的发生是在有货币的时期。同时，募兵也是有货币时候的事情，这是很显然的。不过，在这儿，我们很要慎重的注意——至最近的时代为止，中国官僚的俸给还是用货币兼天然物品，而所称货币，只不过原形的金银和粗制的制钱。军队的饷项用金银或制钱，则更属晚近的事实。我们先略略的考察中国的货币史。

周景王以前，已有钱币。这由单子谏景王铸大钱的话，可以看出。他说：

> 民患轻则为之作重币以行之。于是乎有母权子而行。若不堪重，则多作轻而行之，亦不废重。于是乎有子权母而行。

那末，春秋时代已有钱币了。战国时代，金的流通是很显著的。孟子所到的小国，有馈五十镒的，有馈百镒的。秦用半两钱。汉高祖嫌其重，更铸荚钱。文帝五年，更造四铢钱。其时，吴王濞和邓通钱满天下。武帝时（元朔六年），民得以金买武功爵，每级十七万，凡直三十余万金。元狩四年，造皮币白金，铸三铢钱，五年，重铸五铢钱。并于元鼎二年，禁郡国铸钱。王莽禁用刀钱，用圆形的小钱，重一铢。后汉复汉旧制，行五铢钱。董卓坏此制，魏明帝复五铢钱。晋武帝"卖官,钱入私门"——刘毅之言——可见民可用钱来买官。在史书上,此后以钱数计物价的,所在常有。如晋惠帝太熙七年,米斛万钱。又如"日食万钱,犹云无下箸处"。也有以银计物价的,如愍帝建兴二年,谷二升直银一斤。南朝的齐永明年间,南方钱少,太祖议铸钱,不果行。而北朝的魏从来不用钱,到太和年间始粗铸五铢钱。但一直到世宗熙平年间止,河北还是少钱,用物交易,钱不入市。南朝呢?杨、荆、郢、江、湘、梁、益用钱,交广用金银,余州杂以谷帛交易。梁普通年间,罢铜钱,铸铁钱。铁钱不能通行,民间私用鹅眼,到陈天嘉年间,又改铸五铢钱。隋统一南北朝后,铸五铢钱,把古钱及私钱不如式者一概销毁,币制始一。唐初行开元通宝钱,圆形径八分,重二铢四累。而秦王世民,及齐王元吉和裴寂都可铸钱,民间却不准私铸。高宗乾封年间铸当十的乾封泉宝钱。明皇开元初年,收毁恶钱,凡二铢四分以下的都收毁。后因民间有私铸钱的,禁买卖铜铅锡。其时漕运的运费是支钱的。而镇兵的衣粮费也以钱计,不过二百万。天宝年间,地方仓库的粟帛换成金币,输入京师,帑藏的金帛极多。德宗建中年间,军费不足,搜括民财,大抵收钱。又收诸道税外钱于京师。而自建中元年起,行两税法,都是收钱。至穆宗长庆初,改收布丝纩,并禁钱出口,及积滞于富室。宣宗大中六年,国库岁入为钱 925 万缗。五季的吴,丁口税是收钱的,后唐有三十六冶铸钱,并禁民用铜器。后周毁佛像以铸钱,是中国宗教史上的一件有名的事。后唐也铸当十的大钱充军用。宋仁宗初行交子。其后有关子、会子、钱引、和钞,都是纸币的名目。又铸当十钱,以助边费。神宗时行王安石新法,以钱贷农民,名青苗钱。又有市易法,也是以贷借金钱的。又向民间征收免役钱。新法虽废,免役钱却时有兴复的事。盐钞法尤为充实中央的办法。蒙古是不用钱并且不存储粟于仓库的游牧族。蒙古侵入中原以后，才设立十路课税所，收敛中原的银粟帛。宋理宗端平三年，蒙古才行交钞，以万锭的银数为额。元世祖至元年间行至元钞。武宗又行至大银钞。蒙古到这时候始铸钱，在这时候以前，元朝是废钱用钞，但历代旧钱还是通用于民间。但“钞以倍数太多，轻重失宜。钱以鼓铸弗给，新旧涩用”，弊害甚多，不久均废。顺帝至正年间，又更钞法，又铸至正钱。但民间均不用，所在郡县，皆以物货相贸易。——金钱还是通用的。明太祖洪武年间，造大明宝钞，禁民间用金银货物贸易。州县岁赋有的折银子送京师的，到宣宗宣德年，大抵折银。直到满清，折银殆成通例。大明钞与钱的比例，到英宗正统中，钞一贯只合钱三文，于是禁民间用钱，以抬钞价。清朝每一个皇帝都铸钱，而地方赋税则大半折银送京师。

历代的钱币，很简单的有如上述。从这个简单的叙述，我们可以知道：(一)自汉到南朝是用五铢钱。历朝积累的结果，江南一带钱额很多。但“五胡乱华”的时代，北方的钱极少。差不多是现物交易。(二)唐统一币制以后，钱额与朝俱增，五季到宋，都增加钱额。(三)钱币发达的结果，于是发生了纸币。蒙古虽本不用钱币，但一入中原，便行钞法。钞法到明，更走入极端。满清时代是银钞钱并行。(四)而市场上银的数量，自宋以后更逐渐增加。

在钱币发达的中间，我们试检阅一下私家的财富。

在战国的时代，陶朱公“十九年之中，三致千余”。而“七十子之徒，赐最为饶益”。秦时，巴蜀寡妇清，“家亦不訾”。汉兴七十余年，“网疏而民富，役财骄溢，或至兼并，豪党之徒，武断乡曲”。而官吏“因乘富贵之力，以与民争利”，尤为儒者如董仲舒所诟病。后儒如晋的傅玄描述秦汉以后的情形说：

都有专市之贾，邑有倾世之商。商贾富半公室……（傅玄《检商贾篇》）

汉时奴婢的买卖盛行。王莽一度禁止，不生大效。南朝兵乱相仍，流民载道，但是富商大贾还是很多。宋元嘉二年，中军录事参军周朗上疏言得失，其中有下面的叙述：

凡厥庶民，制度日侈。见车马不辨贵贱，视冠服不知尊卑。尚方今造一物，小民明已睥睨。宫中朝制一衣，庶家晚已学裁。

唐至天宝，承平日久，私家财富当更盛，后经丧乱，而广州，犹是国际贸易市场，"市舶宝货所聚"，为黄巢所觊觎。五季时代，军阀混战，而江淮间民甚富裕。金元南宋之交，兵戎时起，虽江北骚乱，而江南尚安。元武宗至大二年，乐实上言：

江南平垂四十年，其民止输地税，余皆无与。富室有占编民奴役之者，动辄千百家，有多至万家者，其力可知。

这差不多是类似于奴隶经济的现象了。元以后的钞，有时由政府命富民掌发，这也不外是具体而微的金融资本家。

从钱币银两的增殖和私家财富的盛大看来，资本主义在中国确有相当的发达。虽河北经北朝及元金的蹂躏，人民财富大遭损害，而江南的私人资力大为可惊。那末，中国社会早已进入资本主义的阶段，而可以叫做资本主义社会了吗？却又不然。

三、政府重农轻商的政策

在历史上，我们很容易看得出中国历朝的政府“重农贵粟”而“轻商贱工”。这种抑制资本主义的政策，差不多是一脉相承。秦是一个官僚和农民国家，虽奖励私家财富——高利贷资本及现物的蓄积——但对商人仍然贱视。汉高帝时，命贾人勿得衣锦、绣、绮、縠、絺、纻、罽，操兵，乘马。这还是表面上的事情。文景两帝时，政府取黄老之说，对商业当然放任其发达，但儒者如贾谊，法家如晁错，都屡次进言“重农贵粟”而轻商。文帝首除田租，景帝时也不过三十而税一，反面，则禁止采黄金珠玉。武帝把儒者的思想实行，于是行一种资产税。其法：

> 令诸贾人末作，各以其物自占，率缗钱二千而一算。

并置平准：“受天下委输，贵即卖之，贱即买之，使富商大贾，无所牟大利。”王莽变法：

> 令民各自占其所为，县官余其本，计其利，十分之，而以其一为贡。

同时：

立五均司市钱府官。司市以四时仲月，定物之价，为其市平。民物不售者均官考验，用其平贾取之。

这样骚扰市民，所以刘秀以“谨厚长者”起事，到处受市民的欢迎。但后汉田赋仍不过三十取一。后汉以后，田赋亦大抵不过如此。田赋不加，那末，政府国用不够又怎样呢？（一）消极的只有“省官务农”——如晋武帝泰始初年，唐宪宗元和六年，都实行裁过朝官，元朝更曾裁过县官。学者的意见，不外以裁官为可以节民力。本来，庞大的官吏系统，一方面固为野心者所必争，他方面却超过穷国的力量所能供给。唐高宗显庆初，刘祥道有下列的建议：

取士伤滥，每年入流之数，二千四百有余，内外文武官万三千四百六十五员，约准三十年，则万三千余人略尽矣。若年别入流者五百人，足充所需之数。

这时候，全国的户数为380万，差不多30户有一品至九品官一人。而取士，则考试五次（三十年）已有此数，若三十年以后，连现役官和以前的朝士计算，则超过此数更多了。宋理宗不过偏安江南，而依朱熠的疏奏，则——

景德庆历时，以三百二十余郡之财力，供一万余员之俸禄。今日以一百余郡之财力，供二万四千余员之冗官。

则官吏数和人口数的比例当更为可惊。所以学者总主张省官务农。至于（二）积极的方法则第一是增加商税。明以前增加到十分取一。明太祖始不定一定的税率。增加商税之外，第二，临时的方法，则有搜借民财，自汉武帝时起，搜借富商的钱的事情屡见。此外则卖官爵，也是筹钱的通例。第三是盐铁酒酤的专卖。第四，有时行所谓“泉府”的制度，如汉武及王莽和王安石等，由政府设立商肆，平卖货物。前面已举一例。第五为对外贸易的收入，一方面奖励外商来华，他方面却限制本国商人的下海，使对外贸易为政府所专有。第六且最要的是铸钱和钞法。铸钱和钞法一方面是由于民间交易的必要，他方面却是由于政府想以此增加岁入。所以政府常主张自己专利，禁止民间私铸，甚至于禁止民间买卖铜铅锡。而民间则用金银，用旧钱，用绢帛，以为交易。因政府常禁私铸，官钱又不时变制，所以货币制度非常混乱。商业充分发达，因此乃不可能。

依上所述，我们已可知中国历代的政府，不是商业资本阶级的政府。更从别方面观察，我们更容易知道：中同历代政府的基础不在都市而在农村。历代政府的事业不在振兴商业，而在便利农业。左右农业的最大自然力是河流及水利。而战国时代的魏秦以降，政府对于治河塞堤，认为极大的责任。以计画和成绩说，中国的堤工在世界河工上很占高等的地位。古书且把洪水传说加以附会，说大禹治水怎样的劳苦，以垂训于后世帝王。此其一。

规画耕种节候的学问是历。而制定准确的历书是中国政府极大的事业。“改正朔”几乎是新朝必要的点缀。因此，古书又附会了尧传天下给舜时，最重要的教训是：“天之历数在尔躬”。而一朝最重要最崇高的官便是羲和。理想的官制是以春夏秋冬四时为职责的官制。此其二。

农民的痛苦，有如冯道所说：“农家岁凶则死于流殍，岁丰则伤于谷贱。”而历代政府最大的德政是常平仓和广惠仓。破坏常平、广惠仓制的人，如王安石，便是理学家所指为“大奸慝”。此其三。

如此，历代政府的基础在于农村而不在都市，所以历代的政治颇有农村对都市的压抑的精神。在欧洲，资本主义初期的发达，均由政府加以保护，而后臻于兴盛。在中国，政府对资本主义常加抑制。并且，当封建集团分裂斗争的时期，搜括摧残无所不用其极。加以异族入国，更把中国北部资本主义的薄弱基础，整个打翻，如北魏和元初的故事。那末，中国资本主义所以不能完成其发达的原因可知了。

四、国家岁收和官俸的物类

“历代政府的基础在农村。”这依历代的商业政策，已可明知。我们再看历代政府岁收的状况，然后说到官僚和军备的特征。

直到清朝为止，政府的收入可分为天然物品和货币两大类。具体的说：便是谷帛金银和制钱。谷帛与银的收入，比钱币为多。银钱的征收乃起源于谷帛的代用。所以漕运是历代行政上重大事项，而国内重要都会常设立储积谷帛的仓库。

现在把历史上的记载，摘要叙述，藉以考察政府收入的情形。我们试依汉宣帝五凤四年，大司农中丞耿寿昌的奏语：

> 故事，岁漕关东谷四百万斛，用卒六万人。

便可以知道汉代的漕运制度。又依《史记·平准书》，则景武之间——

都鄙廪庾皆满，而府库余货财。京师之钱累巨万，贯朽而不可校。太仓之粟，陈陈相因，充溢露积于外，至腐败不可食。

北魏行租庸调制。所谓租庸调者，依《通鉴辑览》注：

凡受田之丁，岁输粟，谓之租。随乡所出，输绫、绢、丝、麻、布，无则输银：谓之调。用民之力，岁二十口，闰加二日，不役则折绢，谓之庸。

故知除商税外，丁赋都是收谷帛的。唐损益此制，定为税法。这便是所谓"粟米之征，力役之征，布缕之征"。因收入是谷帛，所以漕运在唐，与朝廷的盛衰有关。有名的刘晏，便是以改良漕运著称。中央以外，各州县皆分设仓廪。天宝年间，始把各地所积粟帛"粜变为轻货，输京师"。自改行两税法后，征收钱币。后仍改收谷帛。两税法者，租庸调均不收，以人口为准，秋夏两次收税的制度是。蒙古制税，也是收丝谷，岁课的钞数不过九十万余。明成祖建都北京以后，水陆两漕，初用民运，后改用官军兑运，又改为军民兑运。明英宗以后，不通舟楫的州县，粮折为银，解送京师，仓廪之积渐少而库银增加。清末，粮皆折银。但解送库银，因运输道路不便，也是很困难的。

依上述的情形，我们已可以看得出官吏俸给，不能纯以钱币来支给。并且中央的官吏和地方的官吏还要分别来看。我们先看历代中央政府的官吏俸给所由出。

秦的官吏俸给是以什么物类充用，历史虽没有明白的记载，但

"诸子功臣"是"以公赋税重赏赐"。公赋税是谷帛,则赏赐当也是谷帛。汉官名有所谓"二千石"之类,是表示俸禄的数额,列侯在长安者,其俸给仍然是食邑的租税。文帝二年,诏列侯就国,诏中有云:

今列侯居长安,邑远,吏卒给输费苦。

由此可知食邑与列侯的关系在给输租税。朝廷的赏赐用帛,帛在当时实有货币的作用,但来源则来自农民。不过有时也以金充赏赐。后汉至晋,大抵相同。北魏初本没有俸禄,太和七年始班禄,禄用谷帛,犯赃一匹,便处死刑。北朝的周,始命贵臣食邑。隋则行"职田"的制度。在行职田以前,台省寺及诸州,都有所谓"公廨钱"——高利贷资本——贷借取息以充俸禄。换句话说,俸给在从前是用钱的,至开皇十四年,改为职田,不许官吏拿钱做生意,以"与民争利"。唐明皇以后,金帛聚于京师,但一任帝王自由处分,除充赏赐之外,都供其挥霍,"有司不复得窥其多少"。德宗以后,始归有司。至官俸则"一品月俸三十缗,职田禄米不过千斛"。天宝以后,迭遭丧乱,"增置使额,厚给俸钱。大历中,权臣月至九千缗"。宪宗元和年间,稍有减损。由此可知唐代的官俸是用职田,兼用钱币。明初,公侯丞相以下有庄田,以其租充俸禄。至洪武二十五年,改给岁禄,归赐田于官。岁禄是用什么呢?是用米,"由苏松民输南京户部给之"。还都北京以后,向南京领俸不便,始折收银绢,送北京充俸。满清,俸给用银与米,谓之"禄米"。

以上是历代中央政府官俸的情形。综结的说:古用谷帛,后来谷帛和银币并用,全用银币却是清中叶以后的事。谷帛是出于农村。钱币是出于都市。国用的最大部分是以谷帛充之,否也是谷帛折算银币以充之。官俸便是这种用途之一,所以历代大抵使用谷帛,我们再看地方官吏的俸给。

因为漕运的困难,又因为官俸本是用谷帛,所以我们可以推断,地方官吏的俸给是直接取自各该地方。所谓"有土始有财"这句话,拿来说明这件事再恰当也没有。县官直接取给于县民的制度,一直到满清末年还存在着,肉米盐烛一切日用物品,俱由商民贡纳,最多不过给以"官价",丁漕的收入是依田地的,所以没有定额,而一县应纳交省库的丁漕是有定额的。实收的数超过纳交的数之部分,一概归于县官,县官的俸有定额,应由省库按年发放,但事实上是不发的。一省的实收超过该省应解中央的定额时,其羡余归藩吏,与县之于省同。这是满清末年的实际的制度。在地方,可以说:政务官没有定额的俸。事务官有俸,但"吏"则只有规费而无定俸。这也是满清末年的实事。

五、农兵募兵的地方粘着性

依上所述,官僚政府的支柱和官僚的收入,全赖农村现实的供给。地方官僚的收入和地方政府的取得,这两件事有不可切离的关系,在官僚的眼中,实在是"有土斯有财"。同时,地方与中央政府的关系,和诸侯与共主的关系相类似。在这种情形之下,因为省内有农村也有商市,所以省有谷帛的折银和商税的实银。省的政府的权力在一省境内可以说是集权的。但省对于中央却从本质上是有离心力的"分权"的倾向——即割据的倾向。

至于军制的讨究,也可以引出同样的结论。

中国的军制史是由农兵向募兵的蜕化史，同时又是农兵和募兵的交争史。但是，军队的粘着于土地——不问是农民或募兵——比地方官僚的粘着于土地还要紧密得多。

古代封建国家的兵当然是农兵。农民对于领主有力役的义务。领主的军队以农民编成，军械也由农民自给。《周礼》虽成于汉人之手，但其中数衍引陈的古史的留传，也确不少。依《周礼》，军队的编成是如上所述的。春秋时代，因战争的频仍，而兵额渐增。晋作三军，又作五军、六军。鲁也作二军、三军。军中的兵士当然都征自农间，都是农兵。而三军的统帅，便正是篡夺的贼臣，如韩如赵如魏，又如齐之田完、鲁之季氏。

在这个时期，兵皆出自农民。但铸兵器的技术还没有普及于民众。秦灭六国以后，因此“收天下兵器聚咸阳，销以为钟镰金人”，想藉此夺民间的武力。这种计策在当时已没有成功。铸兵器的技术普及民间以后，更不用说了。

封建制度已经破坏，但人民的“力役之征”却没有消灭。强制农兵的制度维持到唐，以后始不可复活。农兵在平时是散居田间，有事才召集出发的。驻扎那离乡别井的兵士的处所，必须积谷，否则必须屯田。没有积谷和屯田的处所，必须“馈粮”，否则兵不可久。所以兵的聚集和行动都很困难，尤以长期聚积为不易。所以，除中央政府依其收纳的谷和布较多，可以蓄较多的常备武卫外，各地只能依户口的多少定兵额，至于常备军则必依地方政府所有的库藏为准衡。晋制诸侯大国三军，次国二军，小国一军，便是照这个原则编成的，但统兵的是侯王，其结果遂有八王之乱。东晋以后，统兵权在守吏——刺史。地方的反叛，便占满了六朝的历史。中央的军队不能克复反叛，则王位被篡于地方的统兵官。中央的军队有力,则中央的军帅篡位。

农兵的典型的制度,在后世便是"府兵"的制度。府兵起源于北魏。其方法:

> 籍民之才力者为府兵,身租庸调一切蠲之。以农隙讲阅战陈。马畜粮备,六家供之。

全国合为若干府,每府一郎将统之,再合为若干军。这种军队当然是"土着"于各地的了。唐置十二军,分统关内的府兵。兵力雄厚,逐以此取"天下"。统一以后,分国内为十道,共634府,而关中占261府。但是,农民二十从军,六十始免,不堪烦扰,逃亡略尽。明皇开元十年,始募兵充宿卫。至于各地的兵队,则有如张说的两句话:"将帅苟以自卫,及役使营私而已。"过15年以后,边兵也多招募。防边的镇兵49万,置10个节度使。而安禄山遂反。

这时候,农兵和募兵相间杂,但镇将已成割据的形势。中央有时借外兵才能够定乱。唐衰,开五季的乱局。唐时政治家对府兵募兵的利弊是怎样认定的呢?他们说:

> 府兵,平日皆安居田亩,每府有折冲领之,农隙教战,有事征发,则以府契下州府参验发之……未尝有内叛外侮者,诚以顾恋田园,恐累宗族故也。自开元之末,张说始募长征兵,兵不土着,不自重惜,忘身徇利,祸乱遂生。(李泌之言)

但唐初立府兵的真实的好处不是"土着"性。"土着"性却是府兵所以不能行于此的原因。府兵的好处,是在中央兵多而地方兵少。所以李泌恢复府兵的方法是募兵到关内屯田，想变关内为富强，以镇压藩镇的叛乱。但藩镇仍自由募兵或自由训练农兵，所以府兵的本来的好处不能恢复，而封建集团的斗争终不可止。

府兵出自农民。在多事的时候，农民自不堪力役之无间断的供与，所以五季各国大抵募兵。募兵的给养是谷和布。至于钱币，不过间或用来赏赐。有时以征服地的金帛作为诱引品，所以《通鉴辑览》唐清泰元年下有下列的记载：

> 初唐主发凤翔，许军士以入洛人百缗。及至洛阳，三司使金帛不过三万，而赏军之费计须五十万缗。于是有司百方以敛民财，仅得六万。

募兵在当时比农兵有力量些。五季的周所以能够平定中国的大半的，便是由于募兵的务实。周募兵时，对诸军严加检阅，其主旨是："兵务精不务多"。但检点诸军的统帅赵匡胤遂有陈桥之变。自此以后，中国的兵制以募兵为主。间或有强制选刺（刺手背为字）的事，但仍旧给以谷和布。强制选刺的用意在造成农兵，但这样的军队仍然以"俸廪"为基础，并不以"平时安居，有事征发"为精神。所以还不能算是农兵。王安石想用保甲法"罢募兵，用民兵"，终竟也没有成功。于是学者政治家大抵主张募兵比农兵好。他们所持的理由是什么呢？依苏轼，则是：

> 农出谷帛以养兵，兵出性命以卫农，天下便之，虽圣人复起，不能易也。

在这种“分工”的理由之下，农民的“力役”为负担，遂变成“军实”的负担了。但兵的给养仍然是谷和布。宋理宗以后，中央的军队时有钱币的给与，但以“庆祥灾异淫雨雪寒”为限，并不是接月发饷银。满清的兵饷虽接月发一点点的现银，但仍同时发米。

在这种制度之下，兵虽然是招募的，而屯田和积谷仍然是长期驻兵的条件。所以直到元代，还要设所谓兵农司。“有事则乘机进讨，无事则栽种播植”，这本不是所谓农兵，乃出于给养上的必要。

因此，募兵和农兵一样是粘着于土地的。明末叶以降，虽国家收入半数是银，而中央除了对外贸易矿税等微少来源外，岁入的大部分还是丁漕。省对中央的负担和诸侯的“贡”相似。所以直到清代，兵还是附着于地方，割据的倾向并不减于前朝。

六、官僚军备的社会背景

如前所述，官僚和军备，都有地方的“分权”和割据的倾向。所以封建制度破坏以后，历朝的治乱相仍——“一治一乱”——仍和封建国家彼此斗争的现象是“如出一辙”。我们可以说：历代的历史，都是封建军阀斗争史，再详一点的说，都是封建军阀并吞分割和分割并吞史。国家能不能够统一，全看中央的兵力和地方的兵力能不能够权衡。中央压服地方，则形成统一。中央与地方相平衡，则形成武装的和平。地方压服中央，则即刻形成割据。地方太弱，则不是外患来侵，便会有中央的权臣的篡夺。

但是，官僚和军队还各要有一个补充的说明。

官僚的背后有庞大的士大夫身分。这个身分实不过地主阶级披着一件法律的外衣，这在本书前几节已经说过了。

军队的背后，有庞大的游民。每当一个政府，对农民的剥削加重的时候，一遇饥荒的年岁，便有“流民”或“流寇”发生。新朝的帝王也是在同一情形之下，收集军士，历百战以底于成功。

本来，领土大了的国家，自然要有充分的武力以维持秩序。为什么呢？第一，如果是普遍民兵制，则决不容反于人民利益的统治存在。第二，如人民彼此间利益本有冲突，则普遍民兵制必引起最惠者的恐慌。要平定阶级的冲突，于是乎国家为必要，而常备军同时为必要。因此，广大的国家需要多额的常备军。而古来的农兵制不能够供给必要的兵额，除了民不安其业的乱世以外。所以后世便改用募兵制。但募兵制的成立又有两个条件。第一是政府有充分的岁入，第二是社会有相当的游民。在民不安其业，尤其是农业毁坏、耕种不足以自给的时候，弃农从军的农民必多，则募兵制可以成立。反之，则募兵不能足额，乃必须以强制选募的方法补不足。就这一点上，我们可以说：游民增多，足以促进封建将领的争斗。同时，封建将领的争斗又足以引起游民及弃农从军者的增加。

七、官僚政府和商业资本及高利贷资本

具有上述的官僚和军备的政府，和商业资本阶级的关系是怎样呢？这要看士大夫身分和商业资本阶级的关系是怎样。

战国时代，商业资本家的政治活动及其对政府的影响，在本书前面各节里提过了。汉初，富商大贾很多。依《史记·货殖传》：

> 汉兴，海内为一。开关梁，弛山泽之禁。是以富商大贾，周流天下。交易之物，莫不通得其所欲。

官吏和王侯"与民争利"即做生意的事情也很多。汉武时，商人如卜式、桑弘羊、孔仅，还在朝绾领财政。但是政府用他们的意思在奖励商人捐款助边，或用其技术以搜括商家或经营国有事业（铁与盐的专卖）。至于士大夫方面，则以营商为可耻，且以为宜禁。董仲舒《对策》说：

> 身宠而载高位，家温而食厚禄，因乘富贵之资力，以与民争利于下。民日削月朘。寖以大穷。尚不避死，安能避罪？

杨恽《报孙会宗书》说他——

> 幸有余禄，方粜贱贩贵，逐什一之利，此贾竖之事，污辱之处，恽亲行之，下流之人，众毁所归，不寒而栗。

所以士大夫的官僚政府常以官吏营商为禁律。便是退官的士大夫也不去营商。

至于商业资本阶级对政府的影响是怎样呢？在平时，政府便商的政策比摧残商业的政策怎样？这在本文第三段已说过。在乱时，城市商人的力量又怎样呢？汉高祖起事时，沛城的城内响应，但响应的人却是官厅的小吏，而不是商人。汉光武入长安，市民喜见，"汉官仪"，这虽是商人欢迎"谨厚长者"的表示，但商人有实力的表现没有呢？唐德宗行间架税，重税京师的房屋，又行除陌钱法，公私买卖按价抽税。后来朱泚反了，占据京师，大呼告市民说：

"汝曹勿恐！不夺汝商货就质矣！不税汝间架陌钱矣！"这个口号提出后，禁兵都不受朝命去迎敌。这也是市民反抗苛税的表示。但在历史上仍很难寻城市资产阶级积极的革命行动，仍很难寻城市对农村斗争的胜利。我们只看见贱商、税商和限商的法令和搜括商民的苛政。

如官僚是商业资本阶级的"寄生者"，至少资本主义的力量也可以使政法上保护商业的发达。惟其因官僚士大夫是地主，并且是免税的地主，而官僚政府的基本岁收是谷帛，所以重农贵粟而轻商。

但是，地主阶级本位的士大夫官僚政治，并不是没有容受资本的势力的情形。什么资本表现其对政治的支配呢？这只有高利贷资本。官僚士大夫地主常以其蓄积贷借于农民及商人，以取利息，这是理所应有并且事所实有的事情。官僚政府因此也时常仿行贷资取利的政策。如有人能毁券以惠农，或轻利以便农，便是善政。孟尝君收利息的食客烧毁借券，乃传为千古的美谈。不过，高利贷资本的支配和商业资本主义的支配是不应混为一谈的。所以历史所说的财富大抵指土地商品和贷借资本而言，决不能即断定是指着商业资本说话。

一七，一〇，二八

八、帝国主义侵略下的割据趋势

综上所述，中国的农业和手工业经济，及由这种社会经济发生的结果，如交通的滞阻、货币的缺滥、地主和高利贷的剥削，乃至政府的官僚军队割据的倾向，这些实阻碍资本主义的发达，致中国社会直到清末，还是一个封建社会，政治形态还是一个军事封建国家。

东亚诸国，随帝国主义强制开关，进入于资本主义的路程，封建军国当然陷入崩坏的定命。在中国境内，滨海沿江建设了空前的大商埠，铁路轮船纵横国内，农村经济已成工商业发达的代价而为之牺牲。在这个时期，和日本下层武士阶级站立在商业资本阶级——町人阶级——的先头，反抗封建的统治，造成明治维新的局面一样，中国的满清朝廷为准备资本主义建设而养育的知识分子站在市民的先头，反抗满族的封建统治。清朝的崩坏，并不是消极的因为朝政腐败，而有其积极的动力。动力是什么？这便是社会经济的发达。日本长谷川如是闲所著《现代国家与支那之革命》小册，就于这一点，完全是对的：

> 或以为清朝末年变法自强的失败和别的政治的错误灭亡了清朝，但清朝决不是因为当时政治的消极理由而灭亡，是因当时社会积极的理由而灭亡。这和法国革命不是布尔崩朝廷的军国主义的奢侈的结果而是当时社会经济进化的结果，是一样的。如拳匪之乱，便是因经济的进化，感受威胁的最后的反抗，这和日本神风之乱的性质是一样的。美国的南北战争，也是那与北方经济进化情形不同的保持旧经济状况的南方和北方的冲突；在旧国家崩坏期，在旧国家的经济基础上的势力，实以其支持国家观念的意识，顽固的保守这经济的基础。在这种情形，守旧派并不是保守旧精神，却是保守那旧经济。清朝并不是因为这旧精神和那依旧精神的统治，失坠威严而

灭亡，而是因国家所倚以成立的经济组织进化而灭亡。中华民国的成立，和一切近代的“民国”成立的情形一样，是近代商业所要求的自由主义个人主义的建设。革命的发祥地在南方的外国贸易中心地域，决非偶然。

但是，因两方面的原因，辛亥革命终于失败。第一，资本阶级的势力还没有成熟。这资本主义的自由主义个人主义的革命，是为了对抗外国资本主义的侵略，欲自进于资本主义以与外国资本主义合流，所以在中国资本阶级的势力没有成熟以前，迫于外来的刺激，急行革命。第二，旧封建国家因革命的打击而崩坏，其崩坏过程便是军事组织的分解。

在前面各段，曾指出中国政治的统一和割据的原因。由国家收入最大部分是自然物品看来，农业和手工业是中国旧来的重要经济。商业资本的力量还没有达到维持国家乃至夺取国家的程度；换句话说，都市还不能向农村作有效的斗争以掌握政权。在这种情形之下，地方政府和军队当然有割据的倾向。社会经济使地方政府和军事系统有形成小封建国家的基础。尤其是由官僚的俸给和军队的给养两点上，得到说明。自帝国主义侵入中国以后，社会经济既有进化，国家的收入大抵是货币，而收入的来源较大的部分来自都市——除中原西方北部各地而外。沿海滨江的都市已足有力量维持附近的地方政府，并供给中央。在这个时期，发生了两方面的现象。一方面地方政府的割据——地方小封建国家的成立，较为困难。一因交通便利，攻易而守难。二因军队的移动因饷糈改支货币及给养较为易得而较从前为矫捷——除中西北各区而外。他方面则社会经济仍在那儿促成小封建国家的分裂。建设在地方经济上的封建军阀,把大都市和交通线当作抢夺的目标,抢夺大都市和交通线是近来国内战争显著的征象。中国的大都市,权操于外国帝国主义的掌握。外国帝国主义不希望中国强有力的统一政府对抗他们,而希望由小封建国家首领——军阀——得到较好的经济利权。所以,一个军阀夺取都市的时机,绾领该都市的外国一国或数国必以相当的条件为对价而供与援助——借款和军火乃至军事技能。中国的交通线有特殊的性质,其成立不由于产业发达所促进,而实在产业发达的先头,所以外国的铁路航业是产业的附庸,中国的铁路和航业本身却是重要的产业。中国的交通线本身是一个重大的经济利益和财政收入。因此,交通线与其说供产业的使用,无宁说是供地方小封建国家的使用为多。交通线不独供军事政法的用途,且为军事政治的锦标,供军事集团和政客党派的争夺。外国帝国主义所掌握的交通线亦同,供各该外国最惠军阀的便利。依上所说:帝国主义在中国开发的都市和交通线不独尚未能促成中国集权法治国家的成立,反增长中国小封建国家的割据。

这两方面的现象——地方封建国家政治上成立的困难和经济上成立的促进,前者为地方军阀进取中央权力的动因,后者为中央权力每趋崩坏的条件。自辛亥革命时期,革命势力一旦爆发,则各地封建政府群起响应,进化的社会经济所腐毁的中央权力因此覆灭。但辛亥革命的成功乃是大封建国家向小封建国家的分解,革命势力不久即与胜利而俱亡。自此以后,地方割据和大军阀向中央的进取乃至占领中央的军阀之分崩,殆成铁则。

九、社会势力的变迁与军队及官僚

在军事组织依社会经济的发达而分解的过程中，官僚与军备的背景有相当的变迁。

第一，我们看得出地主与资本阶级的合流。农村的衰落和都市的盛兴，使地主投资于工商业或都市的土地以收取地租。士大夫官僚的金钱从来专投资于农田者，此后亦兼及于都市的工商业及土地。军阀的财富大抵变成流通于都市的资本。这样的，地主与资本家的合流及军阀与资本家的沟通，更因农工的抬头而益加紧密。

第二，我们看得出士大夫身分的崩溃和新兴知识阶级的失业。自从帝国主义者强制开关以后，中国政府迫于洋务人才的需要和资本主义的准备，于是派遣出洋并开设学校，以教养适用的人才。但资本主义的建设，终不可能，所以知识阶级的生产过剩，酿成普遍失业的现象。加以，农村衰落，土地所有权不足保持旧来的门第，都市之中，金钱崇拜又打破了身分崇拜。不适于新兴事业的士大夫丧失其从来的地位。因此，官僚的后面，发现了广大的预备军。

第三，我们又看得出农民的破产和游民数量的增加。在欧洲各国，资本主义的发达，以农民脱离土地而成为自由工钱劳动者为条件。在中国，一方面，土地的恋惜，固粘着农民于故乡，而土地收获不能抵土地经营的费用，农民遂成了债务的奴隶而不得不趋向都市，但产业尚未发达，不能吸收这破产的农民。他们不能做产业预备军，反成了军队的后备者。

依上述各现象，一方面，封建势力与资本阶级合流，形成整个的战线。这个战线更促进帝国主义与军阀的结成。他方面，官僚和军队各有广大的预备军，致官僚益贪，军阀益易于成立。农工的痛苦与知识阶级的降落，又形成革命运动的不断的触发。

大封建军国已经腐朽。小封建系统一则有足以自持的社会经济，二则有足以自持的军队的人口。十数年来的分崩割据局面便形成了。

十、结语

依上所述，封建制度崩坏以后，中国的社会经济，到底不是资本主义的。基于这种社会经济的政治态样，仍旧是封建的。依官僚军备及其背景之士大夫游民阶级观察，尤易见数千年来统一和割据的原因。帝国主义势力侵入以后，社会经济的发达，破毁了封建军国的规模。封建军国破毁以后，军事组织的分解是十数年来的政治现象。小封建系统一方面因产业交通的发达，在政治上难维持独立国家的形式；他方面旧地方经济尚在挣扎，而大都市和交通线又适足以供其抢夺，以为割据的经济基础的助力。彼小封建系统既有其经济的力量又有充分的游民编成军队，故割据局面不减于数千年前。加以帝国主义的操持，使资本主义的建设不可能，殆无由收拾此破碎分崩的局面。

十七，十二，六，上海

第六　民族意识与阶级意识

——中国民族思想之社会史的观察

中国境内的人民是不是构成了一个民族？在帝国主义侵略之下，中国民众的民族意识和阶级意识是不是互相抵触的？中国的民族意识由那一个阶级或几个阶级支持？这些重要问题在目前非解答不可，并且问题的解答还影响到革命的基本问题和政策。

著者对于中国民族形成和发达史，本没有较深的研究，但就历史的记载作概括的抽象的说明。若此文能够引起同志的多量的思考和讨论，实为莫大的欣幸。

一、什么是民族？

民族是一个团体或共同体。血统是形成民族的一大自然力，但是民族不一定是血统共同体。民族不是人种或种族。意大利民族是由罗马族、日耳曼尼亚族、爱多利亚族、波利西亚族、亚拉比亚族及其他种族形成的。法兰西民族是由哥尔族、罗马族、布利特族、日耳曼尼亚族及其他种族形成的。其他如德意志民族及英吉利民族，莫不是由多数人种或种族构成。所以民族不是人种或种族。但是同一个国家内的人种或种族还没有融合成为民族的例子也很多。例如亚力山大的帝国，虽也包容多数的人种和种族，而不能够叫做民族。所以民族不是人种或种族的偶然的结合，而是依历史的融合过程而构成的永续的共同体。

永续性的共同体又不一定是民族。波兰民族和俄罗斯国内民族在欧战前也有较长期的结合，但是波兰民族还有独立的存在。民族的共同体和国家不同。民族有共同的言语文字。奥国的捷克民族和俄国的波兰民族如果没有其共同的言语，则民族的政治独立不可能。所以言语的共同，是民族的一个特征。

言语共同的又不一定是一个民族。英吉利人和北美利坚人用同一言语，不是一个民族。诺威人和丹麦人，英吉利人和爱尔兰人，言语相通而不是同一民族。民族是历史上融合的结果，必须有长时间的交际始可以形成。所以民族必须有同一的地域，民族是同一地域生活的结果。北美利坚人由英吉利人移住北美利坚以后，长时间住居于新领土，始形成一个民族。所以领土的共同，是民族的一个特征。

同一地域的人不一定构成一个民族，又必须有共同的经济生活。北美洲各州的人民本不是同一民族，因经济的分业和交通的发达等原因，遂构成一个民族。所以共同的经济生活是民族的一个特征。

这样的还不能够构成一个民族，必须有文化的共同，才能够构成一个民族。一个民族，必须有同一的历史的运命。依其同一的历史的运命，不独经济生活有共同性，即精神生活也有共同性。英吉利人与爱尔兰人，有共同的言语和经济，但因其历史的运命不同，文化不同，所以不能构成一个民族。所以，文化的共同是民族的一个特征。

所以，民族是依一定的融合过程，由言语、地域生活、经济生活，及文化的共同性而统一的历史上构成的永续的共同体。

二、民族的形成及民族中主要阶级

民族是历史的现象。所以，民族是有始有终的，并且受历史的法则支配的一个现象。

从社会史上观察，民族和种族及氏族是连续的现象。人类先有氏族，次有种族，后有民族。在社会经济发达过程上，民族是与资本主义共同发生发达的现象。资本主义孕育于后期封建国家，所以在后期封建国家，已逐渐形成民族，欧本海末尔《国家论》说：

> 发达的封建国家的第一个特征，是多数等级的身分构成一互相倚存的金字塔。第二个特征是原来分立的种族群(Ethnic groups)之融和。从前依人种差别的意识状态完全消灭，只剩下了阶级的差别。

如上所述，民族是依历史的融合过程而逐渐形成的。在原始群时代，人类依狩猎渔采的必要，二三十人共同生活，尚不能形成氏族。因生产的增加、人数的增殖，氏族的组织逐渐形成。氏族间的战争，使一族征服他族，构成封建国家。封建国家的并吞，后期封建国家成立。这时期以前的经济还是农业经济，农民散住于各地。因山川的阻隔，相邻的氏族有频繁的交际和接触，言语文化渐渐近似，形成了种族。相隔的氏族之间，彼此都粘着于耕种的土地，没有往来的必要和机会，便形成了相异的种族。Powell 氏《民族性问题与社会民主主义》说明日耳曼诸种族的成立，说：

依不断的交通往来，有了共同的言语；依不断互为婚姻，成了血统的共同态。依居住于同一土地，或与共同之敌战，或遭逢同一的运命，有了同一的性格，在交通往来长久之间，互有亲族关系和邻近关系的土人，经验是相互交换的，铸成了统一的种族的文化。这样一来，结合日耳曼人全部的纽带渐次弛缓：一方面，一种族和其他邻近的种族之区别益加显著；他方面，这种族便成为同一血统及同一风俗习惯的土人的共同体，遂以成立。

在这个发展过程中，各个社会层的民族意识是极不相同的。有如 Cunow 氏《民族社会及国家》所说：

依封建组织，古代的军队组织破坏，封建诸侯与其家臣共当国防之任以后，先第一，骑士阶级为民族的习惯及民族的文化之支持者。反之，农民匍匐于狭隘土地之上而赋役劳动，与广大的外界隔离以至于死。他们所知道的，仅有邻居的人们，通婚姻，相交往，因此，每个小区域内，发生了农民种族的特殊型。每个有限的土地上，有地方的习惯和特别的惯行，更形成了多少有些差别的地方的特色。

但是，他方面，骑士阶级形成国家军队。帝国的诸侯为军事行动而召集其封建的臣民，他们从全境域内来集合。同样，古来的五月阅兵礼和后来的全国会议之际，骑士阶级大部分有互相接近的机会。且封建大诸侯举行封建会议的时候，大领土内的骑士在某期间集合。因此，他们在城市与城市间，邻邑与邻邑间，盛相交际。

于是，宫廷的风气和田舍的风气大相差异。宫廷的骑士的言语统一，反之，田舍的农民的言语分化。骑士阶级有统一的法制，反之，农民适用的法制到处不同。所以，农民没有形成民族。文化的共同，言语的共同和生活的共同，因而形成民族的，只限于支配阶级。

随德意志各都市的勃兴，及商品生产的发生，专制的王权与诸侯的权力衰落。募兵代骑士军队而兴起，前述状况便变化了。

> 民族文化及民族思想的支持者，现在是富裕的有教育的都市资本阶级。至农民及工钱劳动者却不在内。近代的资本主义展开：依铁路轮船的利用，交通迅速发达，农业经营也是资本主义的大量生产。劳动者也和从前粘着的土地离开，教养制度改良，劳动者渐参加政治的文化的生活，因此，民族的文化共同体达到了扩张的气势。劳动阶级和资本阶级一样加入这共同体。

封建制度的崩坏及资本主义发达的过程，同时便是民族形成的过程。不独德意志如此，英法意诸民族都是如此。在西欧，民族形成，同时民族国家成立。在东欧民族形成，同时数个民族构成一个国家。但东欧诸国国内各民族，随资本主义的上升，民族思想益趋强烈。民族国家逐渐成立了。并且，在民族形成过程中，随社会经济阶段的不同，民族思想的支持者即民族形成的主要阶级也相因而不同。十九世纪欧洲的民族运动，实以资本阶级为其支持者和主要的阶级。这是因为什么呢？资本阶级的基本问题是市场问题。如何销纳自己的商品和如何对别的民族的资本阶级争得胜利,这是资本阶级的最后目的。所以,安固祖国的市场是资本阶级的第一个要求。根据这个要求,资本阶级便成为民族运动的主要动力。

劳动阶级是不是可以做民族思想的支持者和民族运动的主要动力?换句话说:劳动阶级有没有民族意识?劳动阶级的阶级意识是不是破毁其民族意识?这要分两点来说明。第一,在平等的民族间,劳动阶级与资本阶级对抗激烈的平等民族间,暂时的利害关系可以使劳动阶级支持资本阶级所领导的民族斗争;而远大的利害关系上,劳动阶级应当是联合以对抗资本阶级。这种暂时的利害关系的实例,便是欧洲大战中,各国劳动阶级对战争的参加。但是阶级意识的发展,必然的分裂民族,破毁民族意识。第二,在不平等的民族间,劳动阶级阶级意识的强烈,常引起强烈的民族意识,在某种情形下,劳动阶级反成为民族思想的支持者即民族的主要阶级及民族运动的主要动力。

在一民族猛烈的压迫别一个民族的时候,被压迫民族之于压迫民族,和被压迫阶级之于压迫阶级相同。在1848年间,欧洲大陆各国之于英国,和无产阶级之于商工业资本家相同。当时社会主义者的意见是怎么呢?

依一切"独占"的撤废,竞争得以自由,资本迅速集中于大工业家之手,小市民阶级迅速消灭,并且资本独占国英吉利迅速隶属其周围各国于本国工业支配之下。法兰西、德意志、意大利的资本阶级独占权打破了:德意志、法兰西,及意大利,对于并吞一切的英吉利资本阶级,衰落为一介无产阶级。和一个个英吉利资本家对一个个英吉利无产者所行的压迫一样的压迫,英吉利资本阶级全体对于德意志、法兰西及意大利实施起来。尤其在这个情形之下吃苦的，便是这诸国的小市民阶级。

至于英吉利的劳动者呢？

英吉利工业上独占的地位继续的时期，英吉利的劳动阶级，在某程度内，有对于随伴这独占的利益的分沾。这利益在他们中间，分配得极不平等。有特权地位的少数人垄断了最大部分，但是大众也时常暂且均沾一些利益。

所以，不平等民族之间，被压迫民族的劳动阶级有民族的感情。这个事情，社会主义者也不否认。

三、中国的氏族和种族及民族

在中国史上，封建国家最初成立在什么时期和地域，我们是不敢武断的。依康生先生《中国社会的蠡测》（《新生命月刊》一卷十二号）及子奇先生《从中国社会史上说到国民革命》（《双十月刊》第一期），在神农以前的社会，可以叫做原始共产社会，在神农以后约至陶唐止，可以叫做村落共产社会；封建社会大概发轫于夏代。依梅思平先生《中国社会变迁的概略》（《新生命月刊》一卷十一号），则原始封建国家到陶唐时代才显著；至于皇帝以云纪氏，乃至少皞以鸟纪氏，却正是图腾社会即氏族的表征。但这都不过是一种推测，推测的证据极不健全。周代初期的史料固然靠不住，周代以前的史料便认为是神话，而神话的内容至少也经过周人的伪造和变造。春秋以后的史料，应用上较可安心，然而汉以前的学者偏见和盲信，到处可以发见其痕迹。若依这些偏见和盲信所点染的史料来推测，则春秋以前，中国的人民只有宗族意识而没有种族意识。其实，当时有种族意识，却为宗族意识所点染。我们如果详细的观察，我们便可以说：春秋以前，种族意识已经发生和发达。种族意识受宗族意识的点染。种族以内又杂有宗族意识，很强烈的存在于其间。

种族意识的发生，是种族形成的结果。周代的中国，长江以北，以黄河流域为主，是文化较高的氏族所定居。文化的差异是很显然的。氏族的分立在最初也是很显然的。宗族意识因此极强。《国语·晋语》司空季子说：

> 黄帝以姬水成，炎帝以姜水成。成而异德，故黄帝为姬，炎帝为姜。二帝用师，以相济也。异德之故也。异姓则异德，异德则异类。……同姓则同德，同德则同心，同心则同志。……

这是当时知识分子即卿大夫对宗族的差别的见解。但是，当时的宗法，只是亲属间的抽象的系统，而不一定是亲属间的现实的集团。国和国之间，或是同姓，或是异姓；同姓为兄弟，异姓为舅甥。在封建诸侯交相凌虐的时期，并没有“血”和“水”的浓淡之分。在当时，农民土着于耕地，邻近的农民自然是守望相助，死伤相救，疾病相扶持。稍为远点的农民却鸡犬之声相闻而老死不相往来。言语风俗的不同是可以想见的。反之，贵族的交往却很频繁，聘与盟的聚会尤不可以枚举，卿大夫对于交际的辞令和礼节必须详慎的考究才可以不辱命。天王和诸侯纵然政治腐败，而礼节却不得不修明。熟于典故的郯子，通达乐声的季札，都是当时的美谈。当时贵族为政的情形，差不多是一致的。有如由余之所说：

> 此（以诗书礼乐法度为政）乃中国之所以乱也。自上圣黄帝作为礼乐法度，身以先之，仅以小治。及其后世，日以骄淫，阻法度之威，以督责于下。下罢极，则以仁义怨望于上。上下交争怨而相篡弑，至于灭宗。皆以此类也。

这种重形式的贵族烦琐政治，连秦这种新兴国家都几乎要沾染。而与秦同是异族的赵，沾染尤深。赵武灵王要改胡服的时候，公子成抗争说：

> 中国者，盖聪明睿智之所居也；万物财用之所聚也；贤圣之所教也；仁义之所施也；诗书礼乐之所用也；异敏技能之所试也；远方之所观赴也；蛮夷之所义行也。今王舍此而袭远方之服，变古之教，易古之道，逆人之心，而怫学者，离中国，故臣愿王图之也。

由此更可知贵族的生活修养和见解及为政原则，大抵相同。以这个阶级为主体，便发生并发达了种族意识。《国语·周语》祭父谏穆王征犬戎说：

> 夷蛮要服，戎狄荒服……要服者贡，荒服者王。

《诗》云：

> 自彼氐羌，莫敢不来王。

襄王以后，戎狄侵扰中国，

> 中国疾之，故诗人歌之曰："戎狄是膺，薄伐猃狁，至于太原。"（《史记·匈奴传》）

管仲为政于齐，捍御戎狄，为孔子所赞颂。他的设施是：

> 筑葵兹、晏、负夏、领釜丘，以御戎、狄之地，所以禁暴于诸侯也。筑五鹿、中牟、盖与、牡丘，以卫诸夏之地，所以示权于中国也。（《齐语》）

晋献公娶骊姬，史苏谏，不从，告大夫曰：

> 诸夏从戎，非败而何？从政者不可以不戒，亡无日矣！（《晋语》）

这夏与戎的分别，是种族意识的表征。便是蛮夷的各族，自己也有这种意识。例如周夷王时的楚熊渠。依《史记·楚世家》：

> 熊渠曰："我蛮夷也，不与中国之号谥。"

如上述，诸夏和蛮、夷、戎、狄之间，有种族意识的存在。华夏和夷、戎的接触，由战斗至于和平的交际。征服及统治的贵族渐次融和，夷、戎的贵族加入中国的文化生活。商业的发生和发达，更助成富裕人民的接洽和交通径路的开发。最有趣味的，是把宗族的传说来隐蔽种族的差异。楚本是蛮夷，但压服了汉上诸侯以后，欲以观中国之政，便说：

> 吾先鬻熊，文王之师也，早终。成王举我先公，乃以子男田令居楚，蛮夷皆率服。

于是史书演出了世系表，说：

> 楚之先祖，出自帝颛顼高阳。高阳者，黄帝之孙，昌意之子也。

秦、赵本是戎人，周孝王时，申侯欲举大骆，便向孝王提出，孝王便说：

> 昔柏翳为舜主畜，畜多息，故有土，赐姓嬴。今其后亦为朕息马，朕其分土为附庸，邑之秦，使复续嬴氏祀，号曰秦嬴。

依秦史的这个传说，于是史书便说：

> 秦之先，帝颛顼之苗裔。

又说："赵之先与秦共祖"，所以赵也是帝颛顼的后人。此外如吴夫差是太伯的后人，与风马牛不相及的虞成了弟兄国。越王勾践是"禹之苗裔。而夏后帝少康之庶子"的后人。夷狄的毕万也成了"毕公高之后"。而韩也是"武之穆"了。

这些传说，在春秋尤其是春秋以后战国时期，本是种族融合为民族的过程中所产生。在战国时期，贵族士大夫和商人实周流于各国，在这个士大夫阶级间，渐有民族思想的萌芽。若考究当时士大夫的政治学说，一方面有国际外交的纵横政策，如苏秦、张仪之流；又有富国强兵的军国主义，如商鞅及其他法家。他方面则有"定于一"的王道统一主义，如孟子；又有"顺天意"的和平统一主义，如墨翟、宋轻；武力统一的思想在当时已有见端。另一方面，却又有无政府的"小国寡民"主义流行于知识阶级。学说的背景是很明了的：粘着于耕地的小农经济的乡村，商业资本集中的少数的国际都市，文化生活共同的士大夫阶级，及依战争而形成的封建军国组织。最有注意的必要的是：这时候儒家的王道不是"据鲁尊周"的王道，乃是向梁襄王、齐宣王等等所谈的王道。士大夫的王道统一说是封建军国政府所不能容纳的，不独齐梁不能用孟子，便是秦王也不听商鞅、范雎的王道说，并对于苏秦的武力兼并说也表示厌弃。但战国末年，统一的思想已深殖其根蒂。在秦国执政的是客卿，随国势的增长，他们便筹画兼并的计策。

在民族的融和过程中，虽发生了本于民族意识的统一思想，这个思想又虽依秦统一六国的事迹而加以确证和助长，但是，秦的兼并，不是民族的统一，而是和罗马的该撒及马其顿的亚力山大的兼并相类似的。齐、楚各地的豪族还是过去的种族思想的支持者。"楚虽三户，亡秦必楚"的谚语，终依项氏而实现。汉高帝虽然再建了封建帝国，但关东豪族还值得朝廷的忧心。当时的国家共同体里面，除士大夫层支持着“今天下，车同轨，书同文”的薄弱的民族共同体意识外，旧封建国家的追想，在适合于地方割据的农业手工业经济基础上，常有使封建帝国分裂的可能。直到武帝，在军事上，依对匈奴的国外战争集中兵力，依盐铁专卖和平准等财政计画而集中财力，伟大的专制主义才切实的建立起来。梅思平先生认定汉武帝“好大喜功”是商业的帝国主义，其根本原因就是中国商人要向国外找市场，并吸收四夷的珍奇商品（《新生命月刊》一卷十一号《中国社会变迁的概略》）。这却不然。当时的私人财富最大的成分不是商业资本，依《汉书 · 货殖传》而可知。《货殖传》说：

> 陆地牧马二百蹄，牛千蹄角，千足羊，泽中千足彘，水居千石鱼波，山居千章之萩，安邑千树枣，燕秦千树栗，蜀汉江陵千树橘，淮北荥南河济之间千树萩，陈夏千亩桼，齐鲁千亩桑麻，渭川千亩竹，及各国万家之城，带郭千亩亩钟之田，若千亩卮茜，千畦姜韭，此其人皆与千户侯等。

当时的财富是土地，依上述可知。同时，又有奴隶经济，以奴隶经营农工商业而豪者坐收其利。“蜀卓氏富至童八百人”，刁闲收取奴隶“使之逐鱼盐商贾之利……起数千万。”而高利贷资本尤为重要。富商的财产中，“童手指千，子贷金钱千贯”。山东的程郑“依其权力，赊贷郡国，人莫敢负”。“吴楚兵起，长安中列侯封君行从军旅，赍贷子钱，子钱家以为关东成败未决，莫肯予，惟毋盐氏出捐千金贷，其息十之。”至于商人，虽依政府通西南夷及赈灾等事业，收取重利，而对于政府却不肯出资助成远略及必要的开支。

《史记·平准书》载：

> 山东被水灾……徙贫民于关以西，及充朔方以南新秦中，七十余万口，衣食皆仰给县官……使者……冠盖相望，其费以亿计……于是县官大空，而富商大贾或蹛财役贫……财或累万金，而不佐国家之急。

赈灾固无与于富商，即通西南夷也引起富豪的怨望，乃有司马相如《告巴蜀民檄》。巴蜀与西南夷通商固可以致富。至于匈奴却是游牧民族，农业民族对游牧民族的侵略只有掠奴隶和占土地；塞北土地不堪耕种，掠取奴隶又不见于史书。所以，汉武帝的好大喜功，决不能以商业帝国主义来说明。我们应当知道在种族分立的大领土上建立帝国，士大夫的民族意识是不够做基础的。汉武帝的黩武和财政上的剥削，实出于建立政权的必要，和齐的称霸，秦的统一，乃至奥古司脱、该撒及亚力山大的大略雄图，是一样的，汉代的富裕阶级至多也不过和罗马的奴隶所有者相类似，不能做帝国主义政策的发动者。

中国的民族融和，到这时期以后，比秦代以前更进一步。西域、南越、西南夷的发见和匈奴的战争，至少使士大夫阶级乃至商人阶级发生民族差别的认识。但是，士大夫阶级却仍尊重宗族的传说，时以宗族意识隐蔽了民族意识。即如《史记·匈奴列传》说：

> 匈奴，其先祖，夏后氏之苗裔也，曰淳维。

西南夷的滇王为庄跻之后，

> 庄跻者，楚庄王苗裔也。

由这点，我们已可见民族意识的薄弱，和民族主义的缺如。在这种态度之下，北方诸异族，如匈奴、鲜卑等等，依其向中原的迁徙和战斗，各持其宗族的传说，加入了民族融合的过程。试举极显著的一个例。《通鉴辑览》载：

> 魏主下诏，以为北人谓土为拓，后为跋。魏之先出于黄帝，以土德王，故为拓跋氏。夫土者，黄中之色，万物之元也。宜改姓元氏。诸功臣旧族自代来者，姓或重复，皆改之。

当时，南朝的民族主义的运动，不断进行。但国力消耗于封建系统的斗争，没有成绩。乃随南北朝的统一，而五胡和汉族又开始融和。但是这其间有一个必须注意的特征。在统一以前，北朝的贵族不以民族意识保持自己，而以门第自立于特殊的地位。在融合过程进行以后，本来的汉族也以门第保持其血统，民族意识也便销沉。如唐代崔、卢、李、郑诸宗族，各矜地望，不轻易和别族通婚。这便是民族意识转化为门第观念的表征和遗迹。这个遗迹，依经济和精神生活的共通，和政治上的抑制，也渐消弭了。（见《通鉴》唐贞观十二年）

自辽金向中原的侵略到明的统一，是"五胡乱华"之后的长期民族斗争。而明金的战争又建立了清朝的统治。在五季的时代，汉族的封建军阀斗争引进了异民族的干涉，甚至以封建王侯称契丹为父而不以为耻。宋乘积弱之余，当统一中原的时期，已受辽主的屈辱和西夏的侵扰。岁币的支出，使国贫民弊，民族意识当然浓起，于是有神宗的图强和王安石的变法。我们且看变法运动虽饱受反对，而绍圣乃至绍述，仍然以财政军政外交的改革作基础。但在这反抗外族侵略的运动中，士大夫阶级完全暴露其不适于支持民族意识的弱点。变法图强的运动竟引起争夺政治地位的党争。在反对派则大敌当前不足以动其复古主张。在变法派则舞弊营私以国家为孤注。士大夫阶级早不适于做民族的主要阶级了。反抗的民族意识的克复，乃引起并促进了超人间以“安身立命”的禅学化的理学来。这更足以表示士大夫阶级对民族的弃责和对革命的回避。而外交政策则终以“约金攻辽”为得意。金辽相攻究无补于民族的沦亡。南宋一朝，全为金人压迫下的偏安。强烈的民族的反抗运动因偏安的官僚政府成立，一旦为政治地位斗争所妨害，讲和或北伐，完全是官僚自固其位的设施。

蒙古对中国的封建的统治，待中国士大夫身分和农民都一样的苛酷和不平。番僧的骚扰和保甲的监视，贵族的豪奢和文化的摧毁，由士大夫乃至农民决不能忍耐。所以，中国民族的反抗运动勃起，元朝便退回蒙古了。这回民族运动是以农民为主要阶级，前卫的卫士却又是年凶河决所造出的失业农民。但是，战斗集团胜利之后，又把从前的军国政权再建，成为极端专制的国家。专制主义引起了两种的反抗，第一是士大夫的政党运动，第二是失业农民的流寇运动。无政府的残暴的流寇运动扑灭了明朝，满族乘机再建其封建统治。

如上述，中国的民族意识从来只有士大夫阶级来支持，但士大夫阶级实不适于作民族意识的支持者。在中国民族压服或同化异族的时候，他们以宗族传说隐蔽并消灭了民族意识。在中国民族受异族压服的时候，他们第一只能够藉门第即宗族意识来保持血

统;第二却又因政治地位的争夺,虽引进外力或屈服外力而不以为耻。在满族统治之下,还是这个情形。《民族主义》第三讲说:

> 近年革命思想发生之后,还有许多自命为中国学士文人的,天天替满洲说话。……所有保皇党的人,都不是满洲人,完全是汉人。
>
> 自顺治打破了明朝,入主中国,明朝的忠臣义士在各处起来抵抗,到了康熙初年,还有抵抗的。所以中国在那时候,还没有完全被满洲征服。康熙末年以后,明朝遗民,逐渐消灭,当中一派是富有民族思想的人,觉得大事去矣,再没有能力和满洲抵抗,就观察社会情形,想出方法来结合会党。他们的眼光是很远大的,思想是很透彻的,观察社会情形也是很清楚的。他们刚才结合成种种会党的时候,康熙就开博学鸿词科,把明朝有知识学问的人,几乎都网罗到满洲政府之下,那些有思想的人知道了不能专靠文人去维持民族主义,便对于下流社会和江湖上无家可归的人,收罗起来,结成团体,把民族主义放到那种团体内去生存。……所以满洲二百多年以来,无论怎样专制,因为有这些会党口头的遗传,还可以保持中国的民族主义。

依这个叙述,我们可以知道清初还有支持民族意识的士大夫,如黄宗羲、顾炎武、曾静、吕留良。但各地反清复明的运动仍以农民为主干力量,尤其是当朝廷捐税加重和官僚需索烦苛的时候,农民的反抗极盛,如嘉庆时的所谓教匪之乱。所谓教匪的,其实是“官逼民反”。会党的反抗运动在这种情形之下,进行更烈。

在这个时期，清朝维持政权的方法，消极的是杀戮或软化士大夫，并对农民蠲减赋税。积极的是集中兵力，建立武功，外藩的扩大也出于维持政权的必要。但嘉庆朝以前的民族革命，是专对于异族官僚政府的压迫，而道光、咸丰以后的民族革命，则对于政府同时对于列强。广西、山西、湖南、贵州、台湾、湖北、四川、广东，继续蜂起，三合会等会党多为其中心。屡起屡仆的民族革命，最后一发为太平军。太平运动实为一反帝国主义的原始民生主义农民革命运动。其所标主张，除反清外，便是土地公有。但起与太平军对抗的却是士大夫阶级和山农。其主张是维护名教和保全财产。其发难的檄文所指摘太平军的罪状是：

> 一、破坏中国之人伦；二、破坏从来的风俗；三、搅乱社会的安宁秩序；四、强迫人民信教；五、束缚财产之自由；六、焚毁偶像；七、破坏寺庙。（但焘译《清朝全史》所勾稽的要旨）

这个普遍运动的余波，如捻、匪，如南方的黑旗党，连续不断的兴起。对传教徒的反抗，更以农民和工人为主体，酿起多数教案。因教案而传教的特权更加巩固，并引起租借地的割让。长期的蕴积，终爆发为义和团运动，这运动是排外的迷信的民族运动，和从前反清复明的所谓教匪，同是以无识的农民为中坚。

在这时期，三合会的势力，自菲列宾、暹罗、印度、澳洲，及太平洋沿岸，到处发展。哥老会的势力则遍及长江流域。民族革命领袖孙中山先生兴中会的发展，便由于和三合会哥老会的结盟。孙先生记录这个运动的发端，说：

乙酉以后，予所持革命主义，能相喻者不过亲友数人而已。士大夫方醉心功名利禄，惟所称下流社会反有三合会之组织，寓反清复明之思想于其中，虽时代湮远，几于数典忘祖，然苟与之言，犹较缙绅为易入。故予先从联络会党入手。甲午以后，赴檀岛、美洲，纠合华侨，创立兴中会。此为以革命主义立党之始，然同志犹不过数十人耳。迄于庚子，以同志之努力，长江会党及两广福建会党，始并合于兴中会，会员稍稍众，然士林中人，为数犹寥寥焉。庚子以后，满清之昏庸，日益暴露，外患日益亟。士大夫忧时感愤，负笈于欧美日本者日众，而内地变法自强之潮流亦遂澎湃而不可遏。于是士林中人，昔以革命为大逆不道去之若浼者，至是亦稍知动念矣。及乎乙巳，余重至欧洲，则其地之留学生已多数赞成革命。予于是揭橥生平所怀抱之三民主义，五权宪法，以为号召，而中国同盟会于以成立。及重至日本东京，则留学生之加盟者，除甘肃一省未有留学生外，十七省皆与焉。自是以后，中国同盟会遂为中国革命之中枢，分设支部于国外各处，尤以美洲及南洋为盛。而国内各省亦由会员分往，秘密组织机关部。于是同盟会之会员，凡学界、工界、商界、军人、政客、会党，无不趋于同一主义之下，以各致其力。迄于辛亥，无形之心力且勿论，会员为主义而流之血，殆遍沾洒于神州矣。(《中国之革命》)

四、中国民族意识和其支持者

综结上述，在春秋时代以前，“夷”和“夏”的种族差别，存在于贵族阶级的意识中间。春秋以后，夷戎的秦赵和楚吴等种族的贵族统治阶级渐与"诸夏"的贵族阶级开始融和，在战国末期，新兴士大夫阶级在融和过程中，发生了文化的共同和生活的共同，因此发生了薄弱的民族统一思想和运动。但豪族和贵族仍为各地种族思想的支持者，秦与汉都在种族分立之上，建立封建帝国。政权维持的必要，使统治阶级极力从财政和军事上集权。"好大喜功"便出于这个必要。

士大夫阶级不适于做民族意识的支持者。一方面，中国的社会经济没有发达到资本主义的程度，资本阶级没有发达到组织民族及领导民族的程度。农民则仍旧粘着于土地，使山川阻隔的各个地域自成各个种族。种族的融合虽因移民及政治上的接触，不断进行，但地方经济究竟只能使各地农民自封于一定的畛域。各地的言语风俗习惯及经济发达的阶段，实到处有别。他方面，地主士大夫阶级在种族融合成为民族的过程及民族斗争中，保持门第而不支持民族；并依封建帝国的统治阶级在种族分立和民族均衡上面建立政权的要求，造作宗族传说以毁灭民族主义。所以，在六朝、北宋、南宋乃至盛清的时候，他们方因争夺政治地位而勾结屈服并引进外力，否则于禅学化的唯心哲学内求安身立命的道理，以回避革命。

贵族士大夫阶级既不适于支持民族，资本阶级又没有发达到支持民族的程度，但是，外国民族的组织的压迫和剥削，常引起伟大的农民及工人的反抗运动。以农民为主要阶级的民族意识，表现于毁灭元朝及太平军和义和团的运动，而辛亥革命也依农工秘密会党为主干。士大夫官僚及买办资本阶级在革命运动中莫不表现为反革命即反民族主义者。

依上所述，我们知道不平等民族间，被压迫民族的劳动农工阶级能够做民族意识的支持者。民族意识的表现，同时又是阶级意识的表现，如太平军的原始民生主义。而民族意识的表现没有阶级意识相伴随的时候，其结果又将再建封建帝国专制主义的政权，如反蒙古运动以后的专制明朝。反之，阶级意识的发生，必然发展为民族意识；换句话说，对士大夫官僚的革命运动必然发展为民族运动，如清代“官逼民反”的运动必然发展为排满运动。

第七　僧侣与士大夫身分

——士大夫身分与宗教

一、问题的提起

士大夫身分在中国社会史上地位的重要，是很显著的。自从我在《新生命月刊》第一卷第九号发表《从中国社会史上观察中国国民党》一文以后，所听到的批评，对于这个重要的身分的存在，大抵没有异议。不过，对于这个身分的生存和权威的基础是什么，却有问题。我觉得土地私有权是士大夫身分发生和生存的重要条件，因此便认定士大夫身分和地主阶级是相通的，又因此认定过去的中国政治是地主阶级政治。对于这个推论，有人提出异议。或者以为中国政治，自战国时代以后，已是商人阶级政治，如《新生命月刊》第一卷第十一号梅思平《中国社会变迁的概略》。或以为中国社会本是一个资本主义的，便是土地问题也仍是一个资本主义的问题，如《前进》第四期公孙愈之《中国公民问题》（这文在我发表上述论文以前发表）。如果中国社会的构造是资本主义的，那末，士大夫身分的基础是什么呢？商人阶级的附庸吗？宗教上的僧侣吗？从士大夫官僚政府抑制商业和贱视商人这一点上观察，僧侣说似稍为近理。

本来,中国的士大夫官僚政府超地主的政策是很寻常见的。北魏和隋的均田制度虽别有成立的理由,王莽和王安石的井田方田法是士大夫的理想治制,这却也不利于地主。而历代儒者对于土地的兼并,多认为不合理且宜禁止。如果中国政治纯然是地主阶级政治,这些破灭地主的法制和学说的存在又是什么理由呢?历代的苛税尤其是最近时期的苛税,多半是加担于地主的。如果中国的地主有政治的支配地位,这些不利于地主的税制的存在又是什么理由呢?机械的观察家和固执的政论家不能解答这些问题,于是,士大夫身分既不是成立于土地所有权之上,又不能说是商人的附庸,那必然有其独自存在的条件,这大概可以说是宗教罢!

二、中国太古的宗教与僧侣

中国的古代宗教,归纳起来有两种:一是祀天,一是尊祖。尊祖教起源极早。在狩猎和游牧时代,人类有了氏族的组织便有了尊祖教。祀天教的起源也是同样的早,或许更比尊祖教早些,在人类没有氏族组织的原始群时代,已经崇拜自然了。但这种崇拜发达为祀天拜日教,却在农业发生以后。

尊祖教以祖之嫡长子孙为祭师。《礼记·祭统》说:"治人之道,莫急于礼。礼有五经,莫重于祭。"什么人主祭呢?《王制》说:"支子不祭。"《丧服小记》说:"庶子不祭,明其宗也。"所以我们知道,尊祖的祭师是宗子。在前国家时代的宗法社会里,宗子主祭祖宗。一个宗族共祭一个或一系的祖宗,共有一个或一系的祭师,在宗族内有宗教上的无上权威。这个情形,到了封建国家成立以后,便迁变了。封建国家包容二个以上的宗族，被征服宗族渐丧失其尊祖的权利。征服宗族的祖宗可以继续其崇高的祭享，但不能强制异族来一同祭拜。若在大封建国家如周，那更困难。不独被征服的是异族，便是守土的诸侯也有异族存在于其间。异族不能不祭奉相异的族神，所以每个小封建国家的祖宗，自有该国诸侯为祭师。一国之中，每个异姓的贵族的祖宗，也自有其嫡长子孙来主祭。这许多的所祭不同的祭师，对本国本族固然是"公"的，对外国外族却是"私"的。所奉的神不同的多数人们，决不能成为一个社会身分阶级。到了春秋战国以后，宗法变质，"人各亲其亲，各尊其祖"，这千万家的千万个祭师，贵贱有差，更不能自成一个身分阶级了。

我们再看祀天教。

祀天教与农业有密切的关系。祀天教发生于农业的必要。农业的收获播种，必须按照天气的节候；又必然受天气的支配，丰收歉收，都要依天气来决定。所以，古代的政府的"大事"，在人事上是"农"，在宗教上是"祀"。《国语·周语》虢文公谏宣王不藉千亩，说：

> 民之大事在农。……王事唯农是务，无有求利于其官以干农功。三时务农而一时讲武。

所以，国家的大事有二，一是农，二是武。但是，内史过告襄王说：

> 民之所急在大事。

这个大事却指祀与戎,《左传》所载:"国之大事,唯祀与戎。"便是这个意思。所以内史过又说:

古者先王既有天下,又崇立于上帝明神而敬事之。于是乎有朝日夕月,以教民事君。

除事天外,还祀社稷山川。山川是有影响于农业的,自不待言。社稷是什么呢?《鲁语》说:

昔烈山氏之有天下也,其子曰柱,能殖百谷百蔬:夏之兴也,周弃继之;故祀以为稷。共工氏之伯九有也,其子曰后土,能平九土,故祀以为社。

由上述,一则曰国家大事是农与武,一则曰是祀与戎,所祀的对象又都和农业相关,所以我们可以说祀和农实在是一件事。祀天的主祭者是天王。祭官是巫或觋及祝。观射父对楚昭王说:

古者民神不杂。民之精爽不携贰者,而又能齐肃衷正,其智能上下比义,其圣能光远宣朗,其明能光照之,其聪能听彻之,如是则明神降之,在男曰觋,在女曰巫。是使制神之处位次主,而为之牲器时服。而后使先圣之后之有光烈,而能知山川之号,高祖之主,宗庙之事,昭穆之世,齐敬之勤,礼节之宜,威仪之则,容貌之崇,忠信之质,禋絜之服,而敬恭明神者,以为之祝。使名姓之后,能知四时之生,牺牲之物,玉帛之类,采服之仪,彝器之量,次主之度,屏摄之位,坛场之所,上下之神,氏姓之出，而心率旧典者，为之宗。于是乎有天地神民类物之官，是谓五官，各司其序，不相乱也。及少皞之衰也，九黎乱德。民神杂糅，不可方物。夫人作享，家为巫史……蒸享无度，民神同位。……颛顼受之，乃命南正重司天以属神，使北正黎司地以属民，使复旧常，无相侵渎，是谓绝地天通。（《楚语》）

巫觋是神灵所托的人，祝宗是能祀神知典礼的人。在传说上，从前司天和司地的人本质相通，工作分异。后世，司天和司地的人分工而使神民相隔绝了，所以说是“绝地天通”。所谓巫觋祝宗便是古代的僧侣。古代没有什么官，官便是这一类的僧侣。他们不独能祀神知神意，他们并且知山川之号，氏族之出，礼节之宜，和四时之生。天文地理人事，三者都是这个阶级的所有事，而其作用莫非是农业的规制。详细些说，授历班时，是农业规制上重大的设施，这个事业本是僧侣阶级独占的。在中国，重黎之后，“世序天地”。《史记·历书》说：

尧复遂重黎之后，不忘旧者使典之（历数），而立羲和之官，明时正度……年耆禅舜，申戒文祖云：“天之历数在尔躬。”舜亦以命禹。由此观之，王者之所重也。

其次是丈量田亩的尺度和衡称五谷的升斗。《汉书·历律志》说：

《虞书》曰：“乃同律度量衡。”……周衰官失，孔子陈后王之法曰：“谨权量，重法度，修废官，举逸民，四方之政行矣。”

足见得度量衡规定权也属于僧侣阶级。又治河渠沟洫，是农业社会的大工程。只有这个阶级“知山川之号”，知山川之号，才能够“御大灾”，如禹治水的传说，便是“御大灾”的美谈。本来，中国的文化发生于黄河流域的沿岸。黄河实在是古代中国农业社会的大自然力。以人类的劳动大量的占有并利用自然力，这是产业史上最大的事情；能统制最大自然力的民族才能够发展产业，维持生存。而规画那自然力的统制的僧侣阶级也便能统治庶民。所以在传说上，有下列的兴亡盛衰史：

> 昔共工氏弃此道也……欲壅防百川，堕高堙卑，以害天下，皇天弗福，庶民弗助，祸乱并兴，共工用灭。其在有虞，有崇伯鲧，播其淫心，称遂共工之过，尧用殛之于羽山。其后伯禹念前之非度……高高下下，疏川导滞……皇天嘉之，祚以天下。（《国语·周语》）

由上述，我们看得出事天的僧侣阶级，因其独占历数度量衡及治河术等规制并统御中国农业社会最大自然力的智能和技术，所以能够在古代社会组织中取得极高的地位。

三、后世僧侣阶级崩毁的原因

但是，我们要注意的，敬天的观念虽然到现在还是中国社会普遍的观念，而祀天教的权势到后来却没有发展。所以在周的史乘上，虽有巫觋祝宗的传说，而巫觋已成为私的职业，祝宗已成为官的一部，并不成其为一个重要的身分阶级。这是因为什么呢？如果简略一点的说，可以举出两个理由：

第一是祀天典礼之中央的独占。——宗族相互并吞，成立了小封建国家。小封建国家相互并吞，成立了大封建国家。大封建国家的首长便独占了祀天的典礼。这是因为什么呢？宗族各有族神或部落神。血统不同则神也不同。神不同的宗族一不宜于大规模的征伐，二不宜于大国家的统一。所以侵略大领土的封建军国每每改宗一神教，而统一大领土的封建军国每每造作宗教的传说，以折服或柔和被治各民族的人心。以祖配天的制度便是这样成立的。中央权力一方面崇奉天帝为一神教，他方面造作传说，说被治各族的祖宗本来是统治族祖宗的臣属或僚佐；然后以统治族的祖宗配祀于天帝，以巍临于被治各族族神之上。中央权力既以祖配天，所以独占天的祭祀典礼。《汉书·郊祀志》说：

> 周公相成王，王道大治，制礼作乐。天子曰明堂辟雍。诸侯曰泮宫。郊祀后稷以配天，宗祀文王于明堂以配上帝。四海之内，各以其职来助祭。天子祭天下名山大川，怀柔百神，咸秩无文，五岳视三公，四渎视诸侯。而诸侯祭其疆内名山大川。大夫祭门、户、井、灶、中霤五祀。士庶人祖考而已。各有典礼，而淫祀有禁。

这是说：只有大封建国家的首长可以祭天。诸侯只可以祭小封建国家境内的山川，大夫只可以祭家神，士庶人只可以祭祖考。这样一来，天的信仰虽普遍于一般，而祀天的典礼却独占于中央权力而他人不得僭窃。祀天教的典礼既独占于中央权力，所以祭官——僧侣阶级不能发达于社会。

第二是教会组织没有独立的存在。——尊祖教的祠堂宗庙组织是中国各地很普遍存在的。每个大族总有公祠，支派也各有祠庙。但祠堂和一神教教会究不相同，其势力只达于一族，而各族祠堂决不能通融合一。祀天教虽然是一神教，但是又随封建国家的并吞，成了政府特权，没有组织独立的教会。后世输入中国的佛教和模仿佛教的变质的道教，有庙宇和庙产。但祀天教，除了中央政府的明堂乃至天坛而外，从没有占领广大土地的教会组织。

有了上述两个特征，所以中国古代的僧侣阶级在封建制度时期，没有独立的社会的发展，僧侣的作用——如治河授历等等——渐被政府所独占。后世的士大夫虽为官僚政府的后台，因此，却和欧洲教会那样的社会势力不同。欧洲的教会，第一步因耶教被定为国教，于是乎取得广大的土地；第二步因有广大的土地，所以得树立伟大的社会势力，依这种社会势力，便和封建诸侯抗衡，合从连横，教权遂支配中世欧洲的全社会生活及政治生活。中国的祀天教却因其为国教而被独占于中央权力，教会的组织没有独立的存在，也没有社会的势力；所以僧侣阶级虽存在于周代以前，而周以后已失其重要的社会地位，流为私的职业，为世所轻。

四、孔教与士大夫身分

士大夫身分不以宗教及僧侣地位为发生条件，却自有其发生的历史，和古代的巫觋祝宗无关。但是，孔子的学说取得了国教的地位以后，士大夫是否因之取得僧侣的地位？这个问题，我虽不敢完全作消极的否定，也不能完全作积极的肯定。

孔子的学说是不是和古代的巫觋祝宗有系统的联续，这是很难说的。若依刘歆《七略》的“诸子出于王官论”，和班固《前汉书·艺文志》，则六艺是诸子的本原，诸子是“六经之支与流裔”；诸子皆出于王官，那末，六经便是王官的学问的全体了。王官是巫觋祝宗的后身，则六经是巫觋祝宗天文地理人事的知识的流亚。但是这个主张究不免牵强附会。（不过孔子的门徒支派，所谓“儒”家，却大抵努力于巫觋祝宗式的全知全能，如荀卿之所标榜。自六经表彰为国学以后，这种努力更甚，王通那样的妄人都会传世哩。）姑无论孔子学说和王官的系统是怎样，而孔学成为国教，却是经过汉武乃至宋代以后的事情。孔学成为国教以后，儒者差不多带上一点僧侣的色彩。在制度上，有所谓学官和教官。在社会上，乡下人家的“天地君亲师”的牌位也算得一个孔教势力的象征。若依小说的描摹，则明末复社诸青年，却也专横无比。（《桃花扇传奇》）但是，宗教的组织到底是政府官僚式而不是教会僧侣式。第一没有发生社会的支配力的土地占有。第二没有排他的教律，佛、道，及阴阳说、拜物俗，大抵与孔子的崇拜并行。所以孔学成为国教这件事，虽能够增加儒者的权威，却不能够建立儒者的权威。

并且，更作较深的观察，我们发见了孔子的学说所给与人民的影响，与其说其精神能够引起他们对孔子本人的信仰，无宁说其精神在确定他们对天和祖宗的信仰。孔子的学说使人敬天，尤其是使人尊祖。换句话说，孔子的学说没有建立一个信仰自己的宗教，不过助长了敬天尊祖的固有宗教，尤其是增加并巩固尊祖教的势力。孔子学说的中心理论是宗法理论，宗法的宗教是尊祖教。我们试把《朱子家礼》翻开一看,一切礼仪皆以宗法为权衡,一切礼仪之中,只有祖宗的崇拜,没有孔子的崇拜。这便是说:凡是一个孔子信徒,丁祭日可以不谒孔庙,冠婚丧祭的时节却不可不祭祖宗。耶稣指导教徒敬上帝,但他却说他是上帝的儿子。摩罕默德指导教徒敬上帝,但他却说他是神授的先知。孔子指导人们尊祖——祖却是教徒自己的尊亲;并且指导人们敬天——天的儿子却是皇帝。若就这个意义来说:孔教非他,便是尊祖教和拜君教。——"臣罪当诛,天王圣明",以及"不孝有三,无后为大"和"三年无改于父之道"的,才是孔教的信徒。不过"尊君卑臣"是政治的哲学和训条,尊祖才算是宗教的教义。尊祖教不能够造成僧侣阶级,前面已经说过了。

五、结论

所以我的结论是:中国社会,从最下层的农户起到最上层的军阀止,是一个宗法封建社会的构造,其庞大的身分阶级不是封建领主,而是以政治力量执行土地所有权并保障其身分的信仰的士大夫阶级。这个阶级的生存赖土地所有权和国家政治地位的取得,而与宗教无关。所以它和农民的势力关系,与封建领主和农民的势力关系是一样的。因此,可以叫它做封建势力,又因此可以叫中国社会做封建社会。

二十,十一,二二,上海

第八　宗法理论与宗法的实际

——中国宗法势力及其摧毁

一、宗法与君权

夏曾佑氏序严复所译《社会通诠》，序文中有如下的叙述：

> 考我国宗法社会，自黄帝至今，可中分之为二期：秦以前为一期，秦以后为一期。前者为粗，后者为精；而为之钤键者厥惟孔子。孔子以前之宗法社会，沿自古昔，至孔子时，已与时势不相适。故当时环玮之士各思以其道易之。显学如林，而孔墨为上首。墨子尊贤贵义，节葬兼爱，皆革宗法社会之劲者。然与习俗大戾而不行。孔子之说遂浸淫而成国教。孔子之术，其的在于君权，而径则由于宗法。盖藉宗法以定君权，而非借君权以维宗法。然终以君权之藉径于此也，故君权存而宗法亦随之而存，斯托始之不可不慎矣。

关于宗法的作用，这个见解实在比张横渠要深刻些。张横渠以为宗法可以保家，其实宗法却是和君权及君权所寄托的封建势力相维系的。这个见解又比冯桂芬深刻些。冯桂芬以为宗法只可治"牧令所不能治者”，其实宗法和封建势力却是官僚政府基础之所在。

如果我们要从根本上消灭君权及官僚政府，我们必须摧毁宗法和与宗法相维系的封建势力。如果我们要保存宗法和与宗法相维系的封建势力，则无异于欲达孔子所欲达的目的：由宗法的途径以达于君权或官僚政府的目的。

二、前国家时代的宗法

宗法，要下一个定义，便是父系父权父治的氏族制度。这种氏族（Clan）实为人类先国家时代的社会组织。在封建国家成立以前，人类的社会组织以血统为纽带。以血统为纽带的社会组织便是氏族。

人类学者多主张父系父权父治的氏族以前，还有母系母权母治的氏族，中国的学者也多附会其说，以为原始时代，“世系相传，以女不以男”——刘师培《中国历史教科书》。“初民社会，先有母系而后有父系；蘧古部落皆从母以奠厥居。”——梁启超《先秦政治思想史》。他们所举的历史传说上的证据都不是可靠的证据，而这些不大可靠的证据又不能证明中国古代有母系母权母治氏族存在于宗法之前（参看陶汇曾《亲属法大纲》二四至二五页）。所以我们只可以说：中国自有历史的传说，便有父系父权父治的氏族。以云纪官的黄帝，以火纪官的炎帝，以水纪官的共工氏，以龙纪官的大皞氏，以鸟纪官的少皞氏，这都是图腾的代表称谓。北方的氏族的图腾多用植物，例如舜。南方的氏族多用虫，例如禹。至所谓后稷，所谓女娲氏，或者是图腾，或者是母神的传说。

氏族的战争，如传说上黄帝与蚩尤，炎帝与共工氏间的战争，使一氏族征服他氏族，便成立了初期封建国家。封建国家间的战争，使一国家征服他国家，便成立了次期的封建国家。社会到了这个时期，已构成了三个或四个阶级。梅思平先生解释《尚书·尧典》所说的“九族”、“百姓”及“黎民”为三个阶级，这是我完全同意的。“九族”的族，“百姓”的姓，表示这种阶级中有氏族的组织的留存。“黎民”却因其为被剥削被统治的阶级，所以不许有强力的氏族组织。九族与百姓到周的后期已蝉化为公侯大夫士。黎民则后称为庶人。庶人有聚族而居的事情，《左传》记“怀姓九宗”，又记“楚人执我蛮子，致邑立宗以诱其遗民”。但统治者也许不容许其有系统的组织，如龚自珍所谓“农宗”者，恐不容许其存在。

周以前，中国域内的残余的氏族或小封建国家，及周分出的小封建诸侯，渐被有力的封建诸侯所并吞，如莱莒即灭于齐，汉上诸侯即并于楚。这种封建制度本身的发展也便是封建制度崩坏的原因。孔子的时代便是封建制度趋于崩坏的时代，详言之：便是由贵族统治的封建制度变化到官僚地主统治的国家的时代。

封建制度——贵族统治的封建国家的基础是一种土地制度。官僚地主统治的国家的基础也是一种土地制度。但后者和前者不同。前者是天王分土地给诸侯，诸侯分土地给卿士，卿士领有土地，攫取土地上农奴耕种所得的制度。后者则一面有小农的私有土地制度发生，一面有非贵族的小地主出现。这两种私有土地制度和残余的贵族领地制度相冲突，引起了小农民小地主与贵族的斗争。大封建诸侯因此得以成立，以入于战国时代。

贵族阶级的破坏，使周代本来的典章制度完全濒于破坏。权臣的分国与权臣的篡主，占满了春秋二百四十年的记录。这个过渡时代中间,必然有"环玮之士各思以其道易之"。墨子欲建设君主独裁的官僚国家,孔子欲恢复金字塔式的阶级层的贵族国家。要稳定或健全贵族的力量,必须坚强并扩大贵族的组织,于是乎孔子及其门徒敷陈古代氏族及盛时封建国家的实际,演为宗法理论,并由这个理论出发,建设了政治道德法律学说的一个博大的系统。

三、宗法理论的贵族属性

宗法理论的第一个特征是确定宗子制度为贵族阶级的内部组织,庶人却不得立宗。庶人只得以"五家为比,五比为闾,四闾为族,五族为党,五党为州,五州为乡"的一类的制度来编成农业军。而贵族自士以上都组织宗——大宗或小宗。《礼记·大传》说:

> 别子为祖,继别为宗,继祢者为小宗。有百世不迁之宗,有五世则迁之宗。百世不迁者,别子之后也,宗其继别子之所自出者,百世不迁者也。宗其继高祖者,五世则迁者也。

别子是立宗的始祖。别子的嫡长子孙是一族的大宗,别子的次子次孙和宗子的次子次孙是一族的小宗。宗法只限于"别子"才可以建立。别子是什么呢?——

> 别子者,公子也。(毛奇龄《大小宗通绎》)

有些学者看见春秋以后做卿大夫的不止于"公子",所以又解释别子有三种:一是本国公子,二是异姓公子来自他国者,三是庶人起为卿大夫者。殊不知异姓公子来自他国和庶人起为卿大夫这两种人立宗，是一种异例，是春秋时代官僚制度初兴以后的异例。所以别子便是公子，这个解释是合于礼意的。

既只有公子做卿大夫时才可以立宗，宗法自然是贵族的事，而不是庶人的事了。

四、宗法的经济基础

宗法的经济基础，在古代，是土地共有制。自封建财产制兴，土地共有制已经破坏，原始的氏族组织已不可维持于不变。孔子及其门徒要在封建财产制递嬗到土地私有制的时期，恢复宗法，那只有贵族阶级内部的宗法才可以恢复。卿大夫有世禄。世禄出于禄田。卿大夫有广大的田园，所以能维持一族的生存。但禄田决不是原始社会的共有土地。原始共有土地乃全氏族所共有，同时是全氏族所共耕。卿大夫的禄田却是附着土地的农民所耕种，而所有权却属于卿大夫。换句话说：世禄出于禄田和农民，而不是出于享有世禄者的劳动。所以宗法的作用在使卿大夫的子孙组成一族，植立其生存于农民的肩背。禄田是宗子的，所以全族要“敬宗”，而宗子则以禄田上农民的剩余劳动赡养族人，这叫做“收族”。收族的方法依《仪礼·丧服传》，便是：

> 异居而同财，有余则归之宗，不足则资之宗。

族人的“衣服丧衾车马”也要奉于宗子——《礼·内则》。

宗法的经济基础在世禄，世禄的制度是封建时期的制度。由这一点看来，宗法理论是古代宗法组织和后来封建制度中贵族的法律地位之混成体。这个理论在孔子的当时已不可行，何况现在？秦蕙田《五礼通考》说得好：

> 古者有井田，有世禄。井田法行则人无兼并，世禄不绝则宗无削夺。有世禄者皆卿大夫也。……卿大夫则有圭田以奉祭，有采地以赡族。盖其禄受之于君，传之于祖。故大宗百世不迁。……若后世……兼并势成，人皆自食其力……非若继别之大宗，有世禄之可守。如是而责大宗之收族，其势必不能。

所以宗法理论绝不能行于封建贵族崩坏以后，是很显然的了。

五、宗法的尊祖宗教

宗法的宗教是尊祖教。

在古代氏族时期，一族里面，全体族员都在一块儿劳动。氏族是一个大劳动组织。在狩猎时期，全族各员大抵有平等的精神。到了畜牧时期，一面因畜数的多寡，而族员有贫富，一面因游行转徙，全族需要行军式的铁的纪律，族员对指挥者必须绝对服从。于是，一族里面有指挥劳动的人和执行劳动的人。执行劳动的人对指挥劳动的人绝对服从，自己不知自己独立的人格，只是服从指挥劳动者的人格。一般的人身，何以指挥者能命令而劳动者须服从呢？他们看见一个人的死体和生体是一般的，但生体能动而死体不能，他们便觉得生体之中别有寄寓的灵魂在。他们因此推断到指挥劳动者的人身，一定有伟大的灵魂寄寓。若祖若父这些过去首长的伟大灵魂是必须崇拜的。他们生前能作威作福，灵魂一样的作威作福。因此，形成了尊祖教。而现在做族长的便是祭师。一族的共祖便是一族的族神。

氏族间的战争使一族征服他族。征服者使被征服者崇拜征服者的族神，或禁止被征服族保持其原来族神的信仰，或作成神话，说被征服者的族神是征服者族神的侍从或大臣，又或尊征服者的族神以配天，说他本是天帝的儿子。以始祖配天的礼便是这样成立的。

孔子及其门徒要恢复宗法制度，乃取当时各族自祭其始祖的习惯，作成祭礼。这是维系宗法的一种宗教。这是极重要的礼典。所以《祭统》说：

> 治人之道，莫急于礼。礼有五经，莫重于祭。

祭祖的时候，定宗子为祭师。所以《丧服小记》说：

> 庶子不祭，明其宗也。

宗子主祭的时候，一族的族员应当侍立。各依其辈分定侍立的处所。祭完以后，享宴族人，也各依其辈分以定坐次。《祭统》所谓：

> 昭为一，穆为一，昭与昭齿，穆与穆齿。

《文王世子》所谓：

族食世降一等。

便是说明这个制度的。

六、宗法的男女差别

在狩猎时期，男子出猎，女子掌杀剥鸟兽的工作。男女已有分工。畜牧时期，男子出牧，女子居守。女子居守，乃发明耕植的技术。所以在畜牧递嬗到耕种的时期，女子有很重要崇高的地位。到男子弃牧归农的时期，男子随其所夺土地及所掠奴隶的富力，乃一跃居支配者的地位，女子则屈服于其下。

宗法理论便是根据男系父权的氏族演绎而成。所以女子的地位很低。一族的本宗女子出嫁以后，便与本宗无关。——这是因族外婚制而然的。所以出嫁的女子各为其夫的附属物。在祭礼时的坐立的地位——尊卑长幼的次序，一皆以夫的次序为标准。《礼·大传》所谓：

其夫属乎父道者，妻皆母道也。其夫属乎子道者，妻皆妇道也。

最能表现妇女的从属性。

在婚姻上，女子对于自己的婚事，没有发言权或同意权。婚姻本不是男女两人的事，而是男女两宗的事。《礼·昏义》说：

婚姻者，所以合二姓之好，上以事宗庙，下以继后世也。

《郊特牲》说：

> 玄冕斋戒，鬼神阴阳也。将以为社稷主，为先祖后，而可以不致敬乎?!

这种诚惶诚恐的事情，当然不许女子发言了。而离婚之权又止有男子才有。妻不合于本宗的需要或有害于本宗时，则婚姻的目的不能达到。除男子可以纳妾外，并且不问妻有没有过失，都可以离婚。孔子及其门徒乃有“七出”之说。《大戴礼记·本命》说：

> 妇人七出：不顺父母，为其逆德也。无子，为其绝世也。淫，为其乱族也。妒，为其乱家也。有恶疾，为其不可与共粢盛也。口多言，为其离亲也。窃盗，为其反义也。

而尤其在财产上，妇女没有私有之权。私擅财产便是七出的窃盗。在出嫁时，父兄应备妆奁。何以知道呢?《礼·杂记》说诸侯离异夫人的时候，除了使使者称命而外，还须把妆奁退还，它说：

> 有司官陈器皿，主人有司亦官受之。

郑注说：“器皿，本所赍物也。”但是，为妻者始终不许私有。《礼·内则》所谓：

> 子妇无私货，无私畜，不敢私假，不敢私与。

这是怎样的严厉！

七、宗法的男系制度

父系的氏族有一个原则，这便是“妇女为亲属的终点”。（Mulier est finis familiae）宗法理论虽不完全采这个原则，但大抵是依照这个原则。在丧服上，父族四世的族人死了，还得穿丧服。对于母党和出嫁族——本宗女子出嫁后所生子女及孙曾——却不过对于少数的人穿很轻的丧服。他们本不共财产，他们也不共宗庙，所以当然淡薄了。《仪礼·丧服传》定了一个大原则，说：

> 外亲之服皆缌也。

这个极轻的服，只不过为外祖父母舅姨及中表兄弟穿。姑之子，姊妹之子，女之子，也可以丧一件缌服！

倘若母被父离婚，那便连对于外祖父母舅姨都没有客气。魏武申说：

> 出母之党无服。（《读礼通考》卷八）

《丧服传》说：

> 出妻之子为母期，则为外祖父母无服。

反之，继母之党却有服。《隋书·刘子翊传》说：

> 《服问》云："母出则为继母之党服。"岂不以出母族绝，推而远之；继母配父，引而亲之乎？

宗法对于亲属关系原来是这样武断寡情的！

至于夫对妻族，妻对夫族，尤其是大有径庭。妻为夫族，从夫降一等的穿丧服。反之，夫于妻族，则从妻降三等的穿极轻的缌麻，其结果只有妻之父母死了才点缀一下子。

八、一本主义的精神

综括上述，我们可以说：宗法理论对于亲属关系，对于男女关系，对于女子地位，对于族人组织，对于社会阶级，有一个武断的贵族男统精神，洋溢于其间。这种精神，后人解释为"一本"的精神，换言之：即一本主义。唐太子宾客崔沔说：

> 礼教之设，本于正家，正家而天下定矣。正家之道，不可以贰。总一定义，理归本宗。所以父以尊崇，母以厌降；内有齐斩，外服皆缌，尊名所加，不过一等。此先王不易之道，其来久矣。

这"总一定义"的一本主义，孔子及其门徒更要应用到封建君主。君臣的关系应当照父子的关系来定。道德上，后者为孝而前者为忠。其表现于形式方面的，则是父死子穿最重的丧服——斩衰；同样的，君死，臣也穿斩衰。《礼・大传》说：

资于事父以事君则敬同。

十足的表示推事父以事君的用意。这两个斩衰之服,合妻为夫服斩衰,为“三纲”的服制上的表现。所以《景紫堂全集》里载有一编《三纲制服尊尊述义》的书,以三纲来说明服制,其结果确乎是无所不贯通哩!但《曲礼》已经把这种精义揭破了。《曲礼》说:

尊尊也,亲亲也,男女有别:此不可与人变革者也。

这三个要义实在便是宗法的精神,也便是礼的精神。复古家应当深深的注意!

九、理论与实际的相违

宗法理论虽诚如夏曾佑氏所说,非常的“精”。但实际的社会生活却不是这样矫揉的。三年之丧不行于鲁。尊祖之教不纯于楚和齐。族外婚制不循于宋和晋。祭祀的仪式和立后的次序,实际行于社会者,处处叫孔子的大弟子吃惊。我们试一翻《礼记》的《檀弓篇》,到处是他们吃惊的事象。“闭门造车”,出门早不合辙了。

本来,在实际的社会上,中国域内的各民族,以父系(Patrilineal)计亲属的很多。依传说:周以前的殷是行父系制的。殷只不行族外婚制,但五世以内的父系亲属还是不可以为婚。楚人行少子继承制(Junior Right),和周不同,但也祭“莫敖之鬼”。宋的“兄死弟及”也和周不同,但其为父系制是无疑的。后世侵入中国以及移民塞内的诸民族，如匈奴、鲜卑、女真、蒙古等等，大都是父系的氏族。便是在传说上由中国移民到高丽去的民族，虽计算亲属远近的方法和中国不同，足证其没有严密的宗法，但仍是父系的。

但是，父治和父系没有必然的因果关系。同是父系的氏族，女子的地位各有不同。父系的氏族不一定是绝对的父治（Patriarchate）。唐代的皇族出自陇西，血统上不属于汉族。唐宫廷内母的地位很高，武后韦后的临朝听政，在宫廷中恬不为怪。这虽不能附会以为唐李氏一族本是母治（Matriarchate），但母的地位之高确是特色。舅的权力在历史上各代宫廷内有时候很大，唐初，加舅服为小功——本穿缌麻——尤其是尊舅的明显的表征。自唐以后，历宋到明，母在家庭中的地位增高。死后的丧服由齐衰加到斩衰，是证据的一个。

若论各地的风习，则以宗法理论相衡，尤千差万别。宗法理论上妻须从夫奠居（Patrilocal），但招婿（赘婿）自秦已有，秦以前还有齐国的淳于髡；坐堂及招夫养子到今日各地还盛行。宗法理论家禁娶母党，但中表婚（Cross Marriage）久已盛行，且为学者所辩护，如唐的洪迈（《容斋续笔》）及明的朱善（《朱善传》）。宗法理论家禁止兄死娶嫂（Levirate），但今日江南各省乃仍有认为义务的。同姓为婚（Endogamy）是宗法的厉禁，但今日长江腹部各地还有这种习俗，为著者所确知。

同时，别一方面，族居的村落制，在中国北方及南方都是普遍的现象。械斗（Blood feud）行于广东福建，内地如湖北也通行。复仇（Revenge）是古今通行的事例。在家庭则有灶（Hearth）为家人所崇奉，在村落则有祠堂，为阖族所祭扫。而“礼俗之醇”在后世还有比宗法理论家所要求的有过无不及者，如累世同居的风习实起于汉末，为古代所无（《陔余丛考》）。女子贞操的严守则是宋朝以后的事实。

这种种参差歧异的社会现象和宗法理论有什么关系呢？我的答案是：宗法理论依士大夫身分的力量，蔚为后世法律的规范和舆论的准绳；各地庶人却各依社会经济的关系及民族习惯的传统以定他们的族居家制和婚姻。法律的规范和士大夫的舆论当然不是没有影响到庶民，但庶民对法律的忌避和士大夫对庶民的轻视，使宗法理论终不能把庶民的社会关系及观念体系（Ideology）重大的有所变更。

十、士大夫的宗法思想

这个答案的实在性，自孔子的当时已然。封建国家没有成立以前的氏族，大抵聚居在共有土地上面，"异居同财"的确是实际生活的象征。到了封建国家成立以后，贵族的封建财产把庶人的氏族集团打碎了。到了孔子的时代，官僚制度已渐发生，则贵族也同族散住于异国。所以，孔子及其门徒所指宗法，是抽象的系统，和实的生活集团已不相干。他们想把这抽象系统去规律实际的生活集团，但事实上那里办得通？

孔子以后，宗法理论及由宗法理论出发的礼经礼说，成了儒者的中心思想，这种思想自汉以后为士大夫层的观念体系的基点。公的方面，以《唐律》及《开元礼》为结晶。私的方面，董仲舒的"以经断狱"，为后世朝臣的仪表和法律运用的大原则，经之于法律殆有自然法之于现实法的地位。《朱子家礼》蔚为宋后历朝礼典的准绳。近来的《大清礼》和《大清律》完全是这样编成的。民国成立后，北京政府的民法尤其是亲属法，仍以《大清律》删订成功的《现行律民事有效部分》为法源。

这种官僚的法律(Bureancratic Law)虽然为法庭和历来的官府所执行,但这个决不是行为规范,决不能转移社会使走上规定的道途。这种法律不是万能的。这不过是在人民有争讼时怎样裁判的准则,不过是裁判的规范。但是,庶民不敢入官府,所以庶民少受这种法律的制裁。法律执行者对于士大夫又存着客气,在士大夫身分上,“法不入家门”。所以族居家制和婚姻的实际的规范——活法律(Living Law)——差不多是放任的进展。在放任之中,一切风习皆武断于士大夫身分。士大夫以其自己的观念体系作为社会的观念体系。于庶民的立场上,矫揉、残忍、武断,阻碍生产技术的发展,妨害人生真际的追求。

附着于土地的农民,是族居的,是保守的。但因他们附着于土地,所以风俗习惯各地不同者,竟没有趋于一致的机遇。他们只看见官府的裁判,和他们的风俗悬殊。他们只感受着武断的法条的抑制。

家庭手工业的工人,在工业不发达的中国,要求自由的劳动市场,并同时要求法律对生活条件的保护。但是他们只看见官府强制他们自居于奴隶,只看见人格的无保护和待遇的难改良。

新式工业的厂工,离家乡别妻孥入都市,目睹自由的神像,身入群居的集团,他们的生活已由家庭改入于社会,但家庭的负担却于厂家压抑之下,更加重其重量使深罹于牛马之渊。妇女的劳动为都市所需求,但是,劳动所得,点滴皆归入翁姑夫婿之手。儿童的劳动力同样的被分割于厂主和家长之间。

商人本需要个人的独立和自由。但家族的共有财产不能一任其惨淡经营,而寄食者析产的要求,往往把繁荣的营业夷于破产。

为维持家族的生存计，乃不得不提拔商业资本，投入土地和建筑物，以求企业担当人死病后，一家还有固定的收入。

综而言之，士大夫的观念体系以宗法理论为基点。这种理论所形成的法律礼典和舆论全不合于农工商民的要求，不能助长他们的发展，反足以妨害他们的发展。而在历史上这个理论自成立的当日，已不适合于实际社会，其作用不过把实际社会中妨害农工商业的规范，加以确认和保障，以增重民众的痛苦。

十一、今后立法的方针

依上所述，今后的立法者有三个东西摆在面前：第一是农工商民众的要求，第二是妨碍社会生产力的实际社会制度，第三是宗法理论造成的法条和礼典。第二是被第三所维护的。第一则不独和第三冲突，并直接和第二冲突。所以今后的立法者关于亲属法可采三条进路：

第一个进路是整理旧法。即制礼——制定以礼（宗法理论）为纲领的亲属法，以直接表现复古的精神，间接维持并增进那妨碍社会生产力的弊俗。

第二个进路是改良旧法。因中国乡村大抵行男系宗族群居制和男系家族同居制，所以原则上采用宗法理论做中心。因都市趋向于资本主义式的自由婚和小家庭，所以关于婚制和家制略加改革。

第三个进路是破毁旧法。根据农工商民众的要求，制定生存权体系的亲属法，使复古家见了吃惊！今后的立法应取那个途径呢？

宗法理论的不可维持，由上述而可知。恢复宗法便是恢复君权及官僚独裁政府。并且,社会实际生活早已和宗法理论不符,饱含宗法理论的亲属法去社会实际很远,去民众的要求更远。居今日而欲制礼,制宗法理论的礼和法,则不独见弃于民众,且将见笑于汉初的叔孙通。我且引叔孙通的故事于下:

> 于是叔孙通使征鲁诸生三十余人。鲁有两生不肯行,曰:"公所事者且十主,皆面谀以得亲贵。今天下初定,死者未葬,伤者未起,又欲起礼乐。礼乐所由起,积德百年而后可兴也。吾不忍为公所为,公所为不合古。吾不行!公往矣!无污我!"叔孙通笑曰:"若真鄙儒也!不知时变。"——《史记·刘敬叔孙通列传》。

居今日而恢复礼制的骨干宗法,真非"积德百年",复返于先国家的社会不可罢!

第一个进路既不可行,只有改良旧法了。但是旧法决计没有改良的余地。旧著《亲属法大纲》自序说:

> 历代帝王仍折衷于礼而立法,以宗法为纲领,定婚制与家制,命其官吏曰:"民有争焉,应准此以裁之,始合于万世不刊之礼制!"此真 Ehrlich 所谓官僚法而已。
>
> 此官僚法实以宗法为纲领,除迫于非宗法之习惯之要求而设变例以外,其系统乃颠扑不可破。故由此系统所流布之法规,自不能一一衡量,定其善恶,决其去取。必有所改革于今时,亦惟有就全系统衡量之。

所以就既存的系统加一点改良是不行的。

第二个进路又不可行，那末，立法者应当取第三条进路，破毁旧法，制定生存权体系的亲属法了！

十二、男系制度的打破

我在《新生命月刊》第一卷第十号，论“立法政策与立法技术”时，曾提出下列的问题来：

> 家族婚姻制度在宗法势力之下，饱含着身分制的精神。家长与家属的身分关系凭依于家产制度而倍见其弊害之多。人自儿童以至于成年以后，养育在对外私有，对内共有的狭隘自私的家庭，心目中有家庭没有社会。儿童的家族的保护，又纯为两亲及家长的利益而不是为儿童及社会的利益。婚姻制度的宗法的支配实矫揉男女的性生活，尤牺牲妇女的精神生活和物质的利益。在这种情形之下，依事物自然的发达，当以个人财产制代家产共有制，而使契约制侵入婚姻制度，使趋向于自由婚。但与个人私有制并存的自由婚是不是适合于民生社会的理想？

要解决这个问题，第一须必铲除家族及婚姻的宗法的支配。家族的宗法的支配便是父系亲属制度及父治制度。

父系亲属制度的旧来的规定是怎样的呢？

> 人与人之间有世系（Geneologies）之连续及姻婚之关系者

皆为亲属。世系或溯诸父方，或溯于母方，而其为亲属则同。父之父母为亲属而母之父母亦同，父之兄弟为亲属而母之兄弟亦同。本无亲疏之分，焉有内外之别？其由婚姻而连络者，夫于妻党，妻于夫族，同为亲属，毫无异致。虽然，我国社会组织以宗法为衡。宗法于前述世系之中，惟取父系。此单系(Unilateral)之宗法，使吾人于亲属之中，重男轻女，尊父族疏母党，亲子之子而疏女之子，乃至妻于夫族重而夫然妻党轻。《礼》所谓"尊尊，亲亲，男女有别"，盖单系之宗法制度其精神正在于此也。(《亲属法大纲》五二页)

我们不想破毁宗法的支配则已，如果要破毁它，必当从这一个基点一刀斩断。我们必须把内外之分和男女之别撤废。依血统和婚姻本然的连续以定亲属。第一除却宗亲外亲的差别，第二除却妻党和夫族的差别。称亲属，便只有依血统连续的血亲及依婚姻连续的夫妻和姻亲。

《亲属法草案》第一条就此点实可以满意。但血亲的范围定为四亲等而姻亲定为三亲等却不应然。(一)如后所述，在过渡时期，亲属法施行上惟一应行加入考虑的事实只是共同生活的事实。共同生活的事实本与亲属范围不相干，何必设亲属范围的原则的规定？(二)扩大外亲及于四亲等，妻亲及于三亲等，是无益的事情，法律的效果毫无，社会的实情不许。(三)古来四亲等内宗亲也有亲疏，"大功以上为亲，小功以下为疏"——《礼记》郑注——所以与其扩大外亲，不如缩小宗亲的范围。我以为第一条只应定亲属的种类，不应定亲属的范围。

十三、嗣子养子与私生子的改革

如亲属以血统为基础，那末，第一，嗣子和养子都应废除。

嗣子制度是宗祧继承制度所创设的。宗祧继承制度是宗法所创设的。在宗法理论上，维持宗统的制度有二：一是有子立嫡，二是无子立嗣。前者早归消灭。后者还在盛行。有产者死后，依此制立宗祧继承人，纵不因争继而以"血手"取遗产，也不失为"笑的继承人"。无产者死后，本没有人来争继。那末，宗法既废，宗祧继承便应废。宗祧继承应废，嗣子制度便应废。所以《亲属法草案》第四十八条第四十九条应即削除。

养子，旧来是指三种人的：一是收养三岁以下遗弃小儿，二是乞养异姓子女，三是同宗之子过房而不承继宗祧者。在判例上，童养媳也曾认为养女。养子制度的存在理由是慈幼和慰老，慈幼不必恃养子制度，而剥削劳动力和抑勒卖淫及觊觎养子的财产种种弊端不胜枚举。草案设不许乞养十岁以下的养子，既非慈幼，何必云然。草案又限制四十岁以上的人始可乞养子女，既非慈幼，何必云然。如认为法律足以取缔弊害，则何如径禁止养子制度？所以草案第四十五条、第四十六条、第四十七条应删。

如亲属以血统为基础，那末，第二，私生与嫡出的差别应行废除。

宗法重嫡子，所以一则正妻的儿子是当然的嫡子，二则妾婢的儿子可以立为嫡子。嫡子庶子在财产上权利相同。而奸生子却待遇大异。"子何罪？"这个差别待遇应当废除。草案第四十三条可称满意。

但是，私生子问题不是婚外性交当事人和无罪的子女的个人的问题。这是异身分异阶级间的一个问题。父愿认知私生子或愿与私生子的母结婚，这在同身分异阶级的男女间是很平常的事。如果同身分同阶级间的男女有特殊障碍，例如孕育私生子的女子有夫或未婚夫，则私生子便是活体出生，也大抵归于杀害。如果不然，则很容易认知或准嫡。若富者对贫贱女子始乱却多终弃，所生子女，父以认知为可耻，又终不能准嫡。那末，私生子要享受嫡子的平等待遇，其道无由。所以法国、瑞士、日本诸民法有追求父系的制度。私生子及其母得对于不来认知的父提起确定父系之诉。并且，德国民法许私生子请求扶养费，并许私生子的母请求产蓐费。这都是很公平的制度，草案应当补加的。

以上所说，是说法律上的亲子关系应当以生物学上的亲子关系为准，这是铲除宗法所必要的。所以《亲属法大纲》（三八六页）说：

> 亲子关系不以生物学上之亲子为基础，皆由传统之宗法制度而然。宗法既已久亡，亲子关系自应改革。将来亲子法一面应排除亲生子私生子待遇之不同，一面应排除非自然之拟制，使亲子关系一以血统之亲子为衡焉。

十四、父治制度的打破

父系亲属制度的废除，已如上述。现在论父治制度的改革。过去的父治制度是怎样呢？

在纯粹之家族制度，亲权即包含于家长权之中，并无独立之存在。在纯粹的个人制度，则有亲权而无家长权。……我国家长权与亲权有混合之时，亦有分立之例。如祖父在则祖父有家长权，同时对于父及子孙又有亲权，是家长权及亲权并属于一身也。然父对于子仍不失其行亲权人之地位，此则亲权与家长权分立之例也。……我国家长权亲权之分合，何以复杂若是？曰：宗治使然而已。宗法以父权为中心，顾又有家统一尊之例，故家之团体之中，家长权惟一，而亲权则祖于父，父于子，祖于孙皆有之。宗法使然而已。（《亲属法大纲》四一五页）

家长权和亲权数重叠积之下，不独儿童不能得精神上的发育，便是成年的家属和子弟也不能得物质上的开展。这种复杂关系是必须废改的，但是家长权和亲权都各有身分上效果和财产权上效果，换句话说：其内容有身分权和财产权两种。再换句话说：这都各是社会上实际的家产制度所生出来的权力。家产制度是怎样的呢？这依家长权和亲权的分合，可分两种：

（一）家长如为祖父母父母，则就所有家产，可以自由处分。

（二）家长为旁系尊长则应公平使用。（《亲属法大纲》一五九页）

在第一个情形，家产不能保障家族的共同生活，反增进家属的倚赖性。在第二个情形，家产增加家属的倚赖性，尤足以引起权利的斗争。不独从社会利益上看，我们要求把这种复杂的制度废止，因为社会的利益要把家属从家族的狭隘牢笼解放出来。便是由共同生活的安全上看，家产共有制上面建筑的这样的家长权与亲权交为影响的制度也必须澈加消灭。

家长权制度的废止，这是《草案》令人满意的地方。剩下的只有亲权制度了。如就亲权制度研究，则有两大思潮供我们的采择。第一是为父的利益而存在的罗马法上亲权制度，第二是为子女利益而存在的日耳曼法上亲权制度。依前者，则（一）父对子终子之生有亲权，直至父死为止；（二）子无特有财产权（帝国时代以后，始有特有财产制）。依后者，则（一）子成年时，即脱离其父之亲权；（二）子于家产有共有权，并得于父生存时分析家产。

从社会利益上观察，我们要把子女从家族的狭隘牢笼解放出来，使“人不独亲其亲，不独子其子”，那末，必须以社会的保护代替家族的保护。但在这个理想制度没有实现以前，我们对上述两思潮仍必须选择其一。不待说：我们应当选择日耳曼法制，除非我们要复古。要从日耳曼法制，仍须化亲权为一种职能——保育子女的职能，而不认其仍是一种利益——蹂躏并剥削子女的利益。在保育子女的职能上，《草案》第五〇条、第五一条、第五三条及第五八条虽不完备，但大体尚可存留，至于第十六条关于结婚，父母的同意权在子未满二十五岁、女未满二十一岁以前仍然残存，实没有什么理由。至第二十六条子女未满二十一岁云云，尤不知用意所在？

十五、家产及扶养制度的改革

在这儿应当提出讨论的，便是家产制度和以家产制度为基础的扶养制度应怎样改革的问题。

欧美诸国，个人私有制度已趋极端，便起反抗。从都市工商资本主义方面，这反抗表现为社会主义和劳动立法。从农村小农的破产方面，这反抗表现为土地国有和家产制度的立法。家产制度的立法有二种作用：第一种从债权人的手上去救出小农民，划定一定财产，免除债权的扣押。第二种使个人财产得合成共有财产并使共有财产维持而不分，以增进共同生活的利益。如美国诸州和法国的《家产免除扣押法》便属于前者，如《瑞士民法》的家族共有产制便属于后者。

民生主义对于农民问题，要以平均地权的方法达到耕者有其田的"最终结果"。同时，对于资本问题，要以节制资本的方法造成以养民为目的的生产制度。实行民生主义，则债权人剥削小农的事情可以消灭。不实行民生主义，则资本制度下的小农和封建势力下的小农必然要日益濒于穷困，从枝叶上去制定免除扣押的家产制度是没有多大效果的。所以草案不规定免除扣押的家产制度并不算是缺点。

至于小农的家族共有财产制，则还须慎重考虑。要达到耕者有其田的目的，必须制止兼并，制止兼并，必须限田。耕者有其田的社会必然呈小农私有的土地不适于集约耕种方法的现象。这种现象是阻碍农业生产力的。所以在达到耕者有其田的最终结果的过程中，必须实施农业生产合作的制度。农业生产合作团体和家产共有的家族团体不同。后者是身分制的集团，前者是契约制的集团。所以我们虽应当提倡共同耕种共同收获的共有制，却不应当以法律维持宗法系统下的家族共有制。前者可以促进民生社会的实现，后者增进家族的倚赖性，并且保持宗法的遗迹。总之，我们对于家产制度，既不能保持从来的身分制或宗法主义，又不宜单纯的以个人主义去树立权利斗争于慈祥恺悌的家人父子的中间。那末，怎么样呢？

我以为家产的问题，法律应视为一过渡时期的问题来解决。在身分制家族过渡到成年皆为社会生产一分子而儿童皆在社会的保护之下的社会的时期，在土地问题没有解决以前，家族共同生活的事实不应忽视。家产和依据家产的扶养制度均应规定一个共同生活本位的制度来作裁判的准绳。草案“扶养制度”一章，即第六〇条至六六条大体可以满意，而第五四条至第五七条却稍有讨论的余地。我想提出下面两种制度来，以供改正时的参考：

(一)子女对于父母的财产，未成年时受扶养及教育。成年后除没有劳动能力时得依第六〇条规定请求扶养外，对父母财产没有权利。如为父母的财产服劳务或有其他的贡献(最好用“资助”的字样)时，有两种办法，一是得从父母受相当的报酬，二是于分析遗产时依劳务及资助的多少，增加其所应得的部分。

(二)不同父母的同居亲属，或是伯叔与侄同居，或是父母死兄弟同居，或是其他亲属同居，如招婿之类，须依设定共有产的程序签立契约。契约上得定共有产存立期限及分析方法和条件等事项。没有定期限的，各共有者得以六个月以前的预先声明请求分析。在未分析前，共有产的管理权，以契约中推定的人行使之。

以上的制度大体是取法于《瑞士民法》，该法的共有产的设定，纯以契约制的精神行之，可以针对从来中国的身分制家族的缺陷。

十六、族长政权的打破

身分制或宗法主义存在于家族内的，可以依上述制来打破。其存在于家与家之间的，则为族长政权。族长政权又是应当打破的一件事。

《草案》所定亲属会的职权之广，实为可惊。监护之外，扶养方法之协议的解决（六五条），共有产的分析的解决（五五条），亲权行使的纠正（五二条），婚姻同意权人拒绝同意时有无正当理由的判定（七六条），都在亲属会的手里，换句话说，都在族长政权支配之下。如草案不是根据中国旧来的族制，那末，各国的亲属会制度是怎样的呢？依《亲属法大纲》：

> 英国无亲属会之制。法国民法虽有之而职权仅及于监护之监督。德瑞民法以之为任意设立之机关。日本因古有亲属集议家事之习惯，明治维新后民法施行前，所谓"亲属协议"者，常见于法令及裁判。故日本民法法典虽取法于法国民法以亲属会为监护最高机关，而其权限却不止于监护。故亲属会有时为常设机关，有时则于应行会议事项发生时由法院召集之。日本学者于彼邦亲属会制深不满意，以为有时止于形式，有时却酿争端，不能举预期之成绩焉。（四五〇至四五一页）

把亲属会职权扩大到监护之监督以外，是日本民法根据日本旧来的族制才这样的。那末，草案又扩大一层，是根据什么呢？日本的亲属会制成绩不好,《草案》所预期的成绩便可以实现吗？族长管族人分家时,促进纠纷。族长更管到了婚姻和亲权的行使了,这不是扩大族长对族人的干涉吗？至于虑到法院的设立不能周及于乡间,那末,亲属法再定好也不能执行,又何必订立亲属法？关于亲属法的执行,留待最后一节来讨论。这儿再说到监护制度和亲属会议制的关系。

日耳曼民族旧行宗法(Sib)的组织,所以有宗族监护制,无父母的未成年人都在宗族监护之下。法国民法保存遗迹,乃有所谓亲属会监督监护的制度。但在他国,则监护制度渐化为公职(《亲属法大纲》四二八页)。盖在乡村族人聚居的情形,亲属会适所以助长族长的专制。在五族杂居的都市,召集亲属会又极感困难,所以监护的监督渐从亲属会移到法院,而监护的职务渐由法定的亲属移到法院指定的人员。这个趋势叫做监护法的公法化。中国的亲属会议制便限定职权于监护事务,也不相宜:一则助长族长政权,二则违反各国的法律发达的趋势。所以我对于草案第六七条至八二条表示异议。

十七、婚姻制度的改革

亲属家族及监护等制度皆讨论如上述。现在要批评婚姻制度了。

宗法对于婚制的支配,第一是婚约的订立权在家长,第二是结婚障碍的繁多,第三是离婚的男子本位的精神,第四是婚姻关系中女子人格及财产劳力的蹂躏。要改革婚姻制度,必须解除宗法对婚制的一切支配。

第一,婚姻应从"两家的事"变成"两人的事"。在这一个意义上,我们对《草案》第九条及第十六条的主婚权遗迹的同意权,认为有商榷的余地。而第八条应改为男未满十八岁,女未满十六岁者不得结婚。

第二,结婚的障碍依《草案》有(一)近亲,(二)父母监护人同意,(三)重婚,(四)等候期间——即妻于婚姻关系后未满六个月不得再婚。除(二)已如上述外,余没有多大问题。

第三,离婚权,男女平等享有,这一点可以满意。但离婚原因究取有责主义,抑取目的主义,起草者没有弄清楚。若取有责主义,则配偶人一方有重大神经病者,他方便不应有离婚请求权。若取目的主义,则何以不规定相对离婚原因,《亲属法大纲》(三四六页以下)曾论及这点:

> 裁判离婚,离婚之请求,必有法定之原因。离婚之原因应以如何之标准规定之?或采有责主义,以夫妻一造之恶行为离婚原因。或采目的主义,不问应归责于当事人一造与否,苟有使婚姻不能达其目的之事实,即得为离婚之请求。
>
> 离婚原因,法律应以如何之方法规定之?或采限定列举主义,将离婚原因列举于法规。除此以外,不许为离婚之请求。或采概括主义,不列举离婚原因,苟有正当之理由,即可离婚。
>
> 离婚之事,与社会进化而愈多,非复法律所能制。法之职责,在使可以继续婚姻生活者不致率尔离婚而已。然而破坏婚姻生活之原因,与时俱进,且有不能归责于夫妇任何一造者矣。Bryce 有言:

“人莫不为所欲为，而刺激吾人之感情者又日多，吾人之性情因此益难克制。密切相处者遂易生决绝矣。故婚姻关系之敌，非特不法之冲动而已，两造之性情尤为危险焉。”

故立法上应兼取有责主义与目的主义，而规定方法则以例示的列举主义为宜。列举重要之离婚原因，而以“其他正当事由”殿其后。

有正当事由者可以离婚，这叫做相对离婚原因。德国民法一五六八条规定相对离婚原因如下：

若一造违背婚姻义务，或义不诚实不道德之行为，致紊乱婚姻关系，而达于不能希望继续婚姻生活之程度者，他造得请求离婚。

瑞士民法一四二条的精神更较为客观的：

若婚姻关系遇有重大破坏，致不能希望继续者，配偶人之一造得请求离婚。

本来，婚姻是以共同生活的创设为目的，共同生活尤重要的是精神的共通。精神生活一经破坏，则婚姻的目的不达，所以可以离婚。草案没有这客观的目的主义的相对离婚原因的规定，是一缺点。

以重大精神病为离婚原因，这是进步的法制。但草案虽规定于第二七条六款，而过于简略。乍观之，殆有违背人道之概，岂独为复古家所反对？我在《亲属法大纲》三七二页曾有论断：

德国民法,夫妇一造患精神病,在婚姻中,继续三年以上,并达于停止夫妇间精神的共同关系之程度,而无恢复之望者,他造得请求离婚(一五六九条)。离婚之后,他造应扶养之,与配偶同(一五八三条)。瑞士民法(一四一条一五二条),诺威婚姻法(五三条),瑞典一九一五年十一月十二日法律,勃鲁加利亚一八九七年三月二十一日法律,新锡兰一九〇八年离婚法,均以精神病为离婚原因。

弃患病之配偶,固反人情。然精神病为夫妇精神的共同生活之障碍。若仍勉强维持婚姻之法锁,非徒无益,抑且有害。苟当事人一造牺牲一己之幸福,扶持病者,固为道德之所尚,究非法律所应责诸常人者也。况自目的主义言之,离婚原因本不以当事人一造之过失为必要。婚姻生活因精神病而目的至不能达,盖无容疑。然则许其离婚,责其扶养,慎其诊断,倘亦立法所宜取欤!

所以草案应增加(一)精神病到如何的程度的规定,和(二)受扶养终生的规定,这个制度才算完全。

十八、宗法摧毁的两条件

最后,宗法势力的摧毁还要在亲属法之外,更注重两点:第一是经济制度尤其是土地制度的改革,第二是亲属法良善的执行。

宗法的残余势力,如族制族长政权等等,所以能存在到现在,是因为农村里面既没有资本主义化,又没有实现耕者有其田的制度。一方面劳动农民还保持着家族劳动组织,他方面地主还是安心的寄生于农民而毫不去经营农业,致士大夫身分不能完全破灭,而宗法理论还惰性的顽固的流传着。如果不从这个症结下手,则亲属法的施行乃至成立,都必逢最强有力的障碍。

亲属法——向上的而非复古的亲属法是一篇文章,如没有良善的执行,则不能发挥其规范性。亲属法的执行是一个很艰难的事情。第一要有慎重迅速精细的法院,并且要普遍及于各地。第二要有圆活的而非形式的执行程序,用和解的调停的精神及救济的帮助的态度去解决案件。

总之,一纸亲属法是不能摧毁宗法势力的,必须有改革农村经济制度的法律和执行法律的法院和适当程序。并且,革命的法律必须有革命的立法权者始能成立,又必须有革命的环境始能满意执行。在这一点上,我们抱无限的希望和憧憬及恐惧。

一七,一一,三,上海

注:国民政府法制局《亲属法草案》载十七年十月十九日《中央日报》

附录一　士大夫身分与知识阶级

——为上海复旦大学中国文学科青海作

一

孟子说:“有劳心者,有劳力者。劳心者治人,劳力者治于人。”把劳心和劳力划分成对立的阶级,这是没有理由的。“心”是肉体所结成的神经系的一种作用,“力”是神经系所指导的筋肉的一种作用。同是人体的生理的作用,有什么理由把劳心和劳力分开?

但是,在历史上,劳心的从来是尊贵的、清高的、削剥的。劳力的从来是卑贱的、平凡的、被剥削的。所以,把劳心和劳力分成两个对立的阶级,这是历史的事实,孟子所说,正是这个事实的明征。

二

劳心的知识阶级是一个阶级吗?曰:“然!”曰:“否!”

社会阶级是从生产过程上分划成功的。在封建社会,贵族与农奴是两个基本阶级。在资本主义社会,资本家与劳动者是两个基本阶级。这都是依各该社会的生产过程分划出来的。在这个意义上,知识阶级不是一个阶级。

但是,社会的基本阶级只有两个,而基本阶级之外,还有多数的社会层。知识阶级是多数社会层之一。在这个意义上,知识阶级是一个阶级,并且有它的独特的性质。第一,依生活的方式来观察,知识阶级的生活是观念生活,与其他阶级的物质生活不同。第二,依生活的源泉来观察,知识阶级的收入是观念劳动的报酬,与资本家的利润、地主的地租,以及劳动者的工钱不同,所以,知识阶级确有其特质——有其"自然生长性"。

三

知识阶级的形态,却依社会的物质生活形态的差异而有所不同。

在原始人类群,人类每日劳动所得,不够供给每日的消费。这时候,一个群里,没有不从事于物质劳动而专从事于观念生活的人。便有经验稍多的人,可以指挥劳动,但他自己也从事物质劳动,还没有取得优崇的地位。社会的物质生活因生产技术进步而渐趋优裕,一群之中,渐有贫富的差别和指挥与服从的分异。指挥者和富者有从事精神劳动的余暇,于是他们本于前人积累的经验和本身的经验和思考,独占了指挥劳动的知能和防患御灾乃至历数度量衡的技术。在社会适应自然或与自然斗争的时候,他们似有通神的势力。他们渐被社会承认为神灵所托,如中国古代的巫觋之流。他们又被社会承认为通晓神事,如中国古代的祝宗。这种祭司和僧侣阶级是古代社会最有权力最为崇高的治者阶级。生产技术更加进步,封建国家已经形成,于是有贵族阶级发生,与僧侣并存于社会的上级。贵族本身不必是观念生活的知识阶级。但是封建社会的教育从不施于农奴,为贵族阶级所独占。其师资即文化保存者自然是僧侣阶级,如中国古代的祝史和儒牧。其机会自然是贵族优先,如中国古代的庠序和校。在知识独占制度之下,僧侣贵族和知识阶级是同一的,至少也是相通的。资本主义发达以后,知识阶级的地位变迁了。"在从前优先事于精神劳动的,是剥削者自己,至少也是剥削阶级的人。例如中世代表精神劳动的教会,便是大地主,因其为大地主,故与封建的剥削,直接保有强烈的利害关系。在资本主义的生产方法,剥削者埋头于剥削,没有从事于别种方法的劳动的时间,也没有这种要求,他们免去了肉体劳动,同样的免去了精神劳动,唯以利润之追求为事。……剥削者自己不从事于精神劳动,而多种的新劳动范围却日日增加。资本主义的生产方法设立大工业以代替手工业,手工业劳动分化为精神劳动与肉体劳动,与像机械似的劳动者相并而有技术师、化学家、工场监督等等的必要。资本主义的生产方法使国家趋于中央集权,使人口移于大都市,合并小国家为大国家,以需要有特殊教育的行政官的广大复杂的组织体去代替狭小的自治共同体,官僚主义急速发展。国际贸易发展,同时国际政治也发展起来。资本主义的生产方法,在一切领域内——大都市,大国家,世界上的政治经济生活,造成了通信及宣传机关。通讯机关有莫大的权力。资本主义的生产方法渐变全体生产为商品生产,因之,辩护士最好的发育地的商品生产者间的固有冲突,无限增加。资本主义的生产方法从大众剥夺了闲暇工夫,因之,破坏了民众艺术。民众艺术被代替于付现金的营业艺术。民众自有的独特的传奇说书的纺织室被代替于剧场和舞厅。民谣被代替于职业的传道者的诗词。这样的,还有许多别样的方法,发达了艺术和科学,增多了知识分子。

这样的头脑劳动者的需要增加,其供给也急速增加了。”

这时期的知识阶级,实居在资本阶级和劳动阶级的中间,可说是小市民阶级的一种。在资本主义的建设期和发展期,知识阶级,以其有特殊的科学技术的知识之故,为国家和资本家所重视。知识阶级以其为知识阶级之故,有取得政治经济的优越地位的可能性。这个时期,知识阶级虽役使于资本家,还不失其尊贵清高的地位。在资本主义的衰落期,知识阶级的出路便困难了。国家及资本家对于生产过剩的知识阶级,用种种方法——夤缘和考试,加以甄拔。在落选者看来,好像有运气的和学问技术优良的还可以飞黄腾达,在那儿还是去自慰自励。殊不知学校的教育不能算立世的根基,却反是失业的制造所。在从前,他们粘附于支配阶级;在今后,他们便降落为无产阶级了。优越的地位取得的“幻影”还在诱引他们,冷酷的破坏他们的“现实”却在追寻他们哩!

四

在这个时期,知识阶级是一个难得看透现实而易于追随幻影的阶级。

劳动阶级,因其为物质生活者,故容易看透社会的现实。劳动阶级为切肤的感觉所指示,容易向资本阶级作日常的经济的斗争。国家和资本阶级对劳动阶级的应付手段也容易决定,这便是经济的抑压。

知识阶级,因其为观念生活者,故难得看透社会的现实。知识阶级负有文化保存的使命,受了社会幻影的引诱,容易加入支配阶级。他们一旦看透了社会的现实,他们对支配阶级的斗争方法和劳动阶级不同。他们用恐怖手段。国家的应付手段也和应付劳动阶级不同。它也是用恐怖手段。

所以,在革命运动的初期,劳动阶级的主义是工会主义,知识阶级的主义是恐怖主义。知识阶级和劳动阶级各有其自然生长性,各屈服于其自然生长性。

五

中国的知识阶级的发生发展和变质及衰落,和上述的一般说明,本没有差别。但是,中国社会还没有进入资本主义的兴盛期。八十年前的中国社会是前资本主义的封建社会。八十年来的中国社会是帝国主义侵略下的半封建社会。中国的旧来的知识阶级是支配阶级的一环。知识的独占制度,只对于地主给与以优先的机遇。广大的封建国家,需要多数的闲暇阶级充任官僚。地主阶级化为士大夫,有政治法律上的权威。士大夫身分进为官僚,有本于本阶级利益统治农民的使命。

在战国时代,封建制度崩坏,封建贵族澌亡。因战斗取得集权国家的武人,援引庶民中的知识分子。供给少于需要,故一篇的游说便可以取厚禄高官。苏秦、张仪、范雎还有纵横的政治知识。蔡泽不过一介布衣,毛遂不过一星胆量,几叫闲语,震动了伟大的王侯。前汉后汉还算是士大夫幸运期,一度吹嘘,牛医儿可以名满天下,野心家可以三顾茅庐。但是士大夫数最增加,取得官阶,渐较困难,名节风操渐渐扫地,士大夫生来是政治家,没有其他的生计。

得意者代表地主向都市斗争，使工商业不能发达。失意者沉沦下位，除武断乡曲之外，只有准备入朝的阴谋。农工和商人只看见国家——官僚和军队——可畏。士大夫身分却专作夺取竞得国家的活动。"一治一乱"，农工商人永没有抬头。士大夫幻影的生活也日益痛苦。

六

帝国主义的怪物以其轮船炮火东来。中国的睡狮震醒。

第一，要养成洋务人才。第二，要准备机器文明的知识，这是中国的需要。第三，要造成通达商情而能操洋话的生徒。第四，要养就宣传物质文明和外国权威的分子。这是外国的需要。为供给开发中国富源和建设中国资本主义的人才的需要，于是乎出洋办学，一批一批的造就了广大的知识阶级。我们还记得清末的新起俊彦和中华民国初年的执政者，很多是初期留学生和初期学校的学生，司法银行交通等系统，尤其是单纯的新起知识分子。大商埠的新闻机关、洋行职员、工厂技师、洋务人才等等，都是资本主义尤其是帝国主义在华势力迫令造成的知识阶级。

但是，中国产业化的过程完成了吗？少数都市的发达，以大多数手工业者和农民生计为牺牲。整千整万的知识阶级，在出校的瞬间已决定为失业者。在这种情形之下，中国的知识阶级只有一条出路。他们应当看透社会的现实，认清历史运动整个过程的本质和趋向。他们应当克复观念生活阶级的自然生长性。他们应当认识中国革命的本质，把他们对历史运动整个过程的理论的认识，灌输入革命民众之中。他们的使命是把革命的理论贡献于民众，使民众克复其自然生长性，向帝国主义和官僚政府，作政治斗争。

但士大夫身分的传统意识和新知识阶级的幻影，使中国知识阶级甘心走上歧途。士大夫身分虽遭逢都市经济势力的攻击，一部分已趋于沦亡，但既曾做过国家的"瑰宝"，既曾以其为士大夫之故，取得过厚禄高官，所以，无论政治地位的追逐怎样困难，无论自己曾否受资本主义生产技术的教育，厚禄高官及"国之瑰宝"的幻影，引诱他们弃其所学，"蝇营狗苟"，从事于官僚的活动。并且，观念生活阶级是文化保存者，"斯文将坠，舍我其谁"，他们便决心的复古。这是知识阶级的士大夫官僚化和复古派成立的原因。

在外国资本阶级抑压之下，民族资本主义的发达本不可能。在外国资本阶级指导之下，走资本主义的路，其结果不过少数资本主义者得食馂余。而大多数的农民工人和工商业者——小市民——都陷于痛苦的深渊。一切利益，都归到外国资本阶级的掌握。所以，要中国大多数人民团结一致，才能革命；要走非资本主义的路，才能解放中国的农工小市民。然而，诸待开发的中国广大富源，和不可仰视的外国资本势力，使新兴知识阶级群趋于资本主义的幻影。这是资本主义派成立的原因。

帝国主义资本势力已结合于封建势力，所以资本主义派也结合于官僚复古派。从士大夫和新兴知识阶级的幻想上观察，这原是必然的现象，毫不足怪。同时，对反动势力而起暴动——无政府的暴动，和对革命分子而施屠杀——无法律的屠杀，也都是观念生活阶级自然生长性所引出的必然的手段，也不足怪。但是这些决不能解决中国的政治经济和民族问题。

七

克复观念生活阶级的自然生长性，尤其是克复士大夫身分遗留下的传统意识，认清历史运动整个过程的本质和倾向，贡献正确的革命理论给农工小市民——这是中国目前知识阶级——看透了社会的现实的知识阶级的使命。

十七，十二，一，上海

附录二　中国社会史的一个考察*

——在上海劳动大学劳工院讲

各位先生，各位同志，今天把各位从工厂里拉出来，丢掉了实际的知识，来听我空泛而没有把握的演讲，实在使得我很抱歉。

兄弟个人，近来很想把中国社会史提出几个问题来研究，但并没有成熟的结果；今天提出这个空泛的题目，来和诸位讨论，一方面是表示中国社会史研究的重要，一方面是表示我个人研究的缺乏。

中国国民革命，引起了中国许多的青年，注意到中国的政治问题和社会问题，因为注意到这些问题，所以要求得解决这些问题的答案。本来自中国国民党改组成立以来，有许多答案和口号，不过到了现在，这些固有的口号和答案，又发生了问题；所以我们须作抽象的研究，把中国的社会史重新来考察一下。从研究古书和社会实况入手，看中国过去的社会，到底是什么样的一个社会？

有人说中国是一个封建社会，有人说不是的。第三国际就有二个答案，布哈林说，中国是封建制度的社会，所以中国革命，必须打破封建制度。而托洛斯基则说，中国是资本主义发达中的社会，急待解决的是关税自主问题。我们要解决中国革命问题，本不要

* 刘培坤、陆国香、陈耿先合记。

人家替我们做。我们必须自己打开中国历史来看，究竟中国有没有封建制度？是不是封建社会？

克鲁泡特金在法国大革命史的结论中说：法兰西的革命虽然失败，但也得到了相当的结果，就是打破了封建制度。因为封建制度的打破，所以法国的农业工业，都能发达。第一次的革命无大成功，而革命的效果可说是不小。中国革命，这时虽尚在进展期中，要是目标不准确，那末恐怕法国革命这点结果都没有了。

要答复中国是不是有封建制度，是不是封建社会，那末中国史就是唯一的答复者。可是看中国史很困难，第一个困难就是中国史都是由传说积聚而成的，有许多都是赝品，靠不住的。汉儒又把它们凭着自己的意见修改了一下，因此也就改变了不少。第二个困难是欧美学者用 Archeology 去研究古代的经济生活，而推测其社会生活，在中国却是不可能的，因为：

1. 中国在汉以前的古物，没有保存。

2. 中国古代的建筑物，都是用土制成的，挖开地层去找，也找不出很多古代的遗物来。

因此我们要研究中国的历史，就大大的困难而不可能，但是我们是否因其困难与不可能而不研究吗？这倒不然，我们查中国的历史，从古至今，实有二个大变革：

1. 自春秋至汉为第一次变革。

2. 帝国主义侵略中国以后尤其是 1900 年以后至现在，为第二次变革。

这二段历史，后者比前者容易研究得多，因为从春秋到汉代，书本的纪载很为缺乏，颇难研究，但研究中国有没有封建制度，却必须从第一次变革入手。

现在我们先说一说封建制度是什么？封建制度有二个特征：

1. 封建制度建筑在土地制度上面，它的基础是在农村。

2. 封建制度下面，土地的领主和掌握治权的是封建贵族。

因为有了这两个特征，所以：

1. 封建制度的时候，资本主义的经济不发达，因为基础在农村，故没有都市集中的现象，和发达的货币。

2. 封建制度的时候，没有官僚，只有贵族，贵族掌握治权，同时，他们又掌握政权。

我们现在看中国资本主义在什么时候产生呢？可靠的纪录是《史记》和《左传》，现在我们列举如下：

1. 依司马迁的《货殖传》——足见当时有工商业的分业了。

2. 齐桓公的宰相管仲，营渔盐之利，并制造货币而齐国富强，为诸侯之冠——这个证实当时有商业了。

3. 楚征郑，郑有商人弦高犒师，因不入郑——这证明当时是有商人的。

4. 晋之绛商通于诸侯——亦是有商人之证明。

5. 吕不韦以巨商而见用于秦始皇——亦是商人之证。

6. 春秋至战国有许多地方筑城（本来城在封建制度时代的作用有两种：一、收纳农民租税，二、镇压农民），在资本主义的时候，筑城是为保护市场的，所以这可以表示当时商业的发达。

7. 陶朱公运动楚国大赦，就可见当时商人的力量。

8. 秦时有巴寡妇怀清和乌氏倮见奖励于秦始皇，这表明商人的地位。

9. 孔子的弟子子贡，也是往来经商。

10. 商业的发达，就发生商业资本和高利贷资本，一面营商一面放债，当时孟尝君毁券的事，就是后者存在的证据。

由此可见战国时有商业的发生，同时有都市集中的现象，因此又有争城争地的现象，是项现象，都是封建制度崩坏后的征象。第二，封建制度的时代没有官僚 Bureaucrary，因为在封建制度下面，农民与土地不能分离。农民附属于土地，得到土地就得到农民及农民的租税，有土地的人，就有统治权，有政权的人，便有治权。结果是有土地者有政权，有政权者有治权，所以有治权的人都是贵族，并非官僚。有人说中国本来就多官僚，如五帝三皇的时代有所谓史官等，但我们须知道当时的历史就是不可靠的，或许是后人捏造的。周朝时候的周公、召公等，虽然是朝廷官吏，但同时也为诸侯，诸侯就是贵族不是官僚，官僚是有治权而无政权。官僚是为人家的利益而治人，不是为自己的利益而治人的，所以在封建制度里面是没有的。在封建制度破坏后的社会，例如资本主义的社会里才有官僚，因为资本家对于工商业都须自己去经营自己去动手，对于治人的事势不能兼顾，所以只好雇用官僚。

中国在战国时就有官僚，苏秦、张仪、范睢、蔡泽等，都以平民而做官，所以可以说封建制度当时已经崩坏了。

在什么条件之下有官僚的存在呢？

1. 在封建制度的社会里没有官僚，所有治人的事，都由贵族自己去干。

2. 大的国家，是不能与封建制度一样的，必须有官僚去掌管政治。

3. 有货币才可以产生官僚，因为官僚必得货币去营生（春秋时，中国已有货币，孟子有馈馁二百金等说）。

4. 中央集权的政府，是必须官僚才可以成立的。

但是，战国以后，中国资本主义仍旧不能发达，不能发达到资本主义的阶级。在春秋战国的时候有商业，有官僚，已足够证明当时封建制度的崩坏了。历史上如城濮之战、鄢陵之役、泌之役，都是强凌弱、众暴寡，因此起了权臣。权臣起初是贵族，得了权以后就发生篡国的现象，如齐国被田氏所篡，鲁国的三家，晋国则有三家分晋，种种事实，都是权臣的跋扈的证明，换句话说，就是贵族与贵族的斗争，贵族间起了斗争，他们就任用庶人做官了。这里须说明的是：周以前知识是贵族阶级的专有品，到了周朝打破这个智识独占的现象，而庶人也可以有知识，孔子就是一个例。战国时候就有许多布衣有知识了。其次，当时井田制度崩坏，土地可以私有，于是社会上就有非贵族的地主，这种非贵族的地主，可以有时间去研究知识，结果这些人有做官的资格，做了官就有钱可以买地，于是产生了士大夫而官僚而地主的一个身分。这些人很保守，不愿都市发生，推翻旧有的基础，因此春秋时代以后，商业虽然发达，仍没有都市为经济的中心，还是以农村为经济基础，进而压迫商人，形成一种贱商重农的制度。汉时禁止商人穿丝乘车，士大夫经商就被鄙视，司马迁的外甥杨恽罢官后经商就有许多人鄙视他。

现在有一个问题，何以六国不被资本主义最发达的国灭亡而会被农业的秦国灭亡呢？这是因为秦国废止井田制最早实行土地私有制，他的政府就是官僚的政府，例如商鞅是外国人在秦国做官的，当时社会纯为小农制没有贵族的存在，却合农民的要求，因为农民恨极封建地主的压迫。一方面中央集权的政府，又非破坏贵族不可，政府也反对贵族。于是上下一致，以联合战线打倒贵族，贵族破坏之后，农民非常之服从，所以能够灭六国。六国灭后，强大的统一的官僚政府成立。秦亡后，贵族虽有一度反动，但无成效。汉以后仍是官僚政府，重农轻商。而汉儒又把孔子学说解释得很保守，以拥护这个政府。

综上所说，我们的结论是：

1. 封建制度在春秋时已经崩坏，所以中国早已不是封建的国家，惟对外藩的统治依然是取封建的形式。

2. 中国政府是地主官僚政府，不奖励商业，商业绝对不发达，尤其是禁止国人从事国外的贸易。

3. 所以中国是封建制度崩坏以后资本主义发达以前以士大夫身分及农民的势力关系为社会主要构造的社会。

4. 我们若是以这个身分及以这个身分为背景的官僚政府为封建势力，则我们提出打倒封建势力的口号是可以的，而且是应当的，但非封建制度。

以上是中国社会第一次变迁，第二次变迁的结果则又不同了。中国八十年前，政权在士大夫地主手里，政府的重农轻商，就是代表他们利益的表示，可是士大夫与地主并非一物，因为地主未必有身分，而士大夫未必有土地，所以乡间有土豪劣绅对土田富人敲诈的事情。但是两者有很大的关系，地主可以有机会读书或教其子弟读书而做官僚，取得士大夫的身分；士大夫因做官而有钱，可以购买土地成为地主。

但与帝国主义者通商而后，情形就不同了。

帝国主义者与中国通商，远在明朝，Marco Polo 在中国做很大的官，当时外国人在中国做官的很多，因为中国人对他们很客气，以为他们也是士大夫身分的人。直到 1500 年以后，才识破外人不是士大夫，是而商盗，道光年间觉破外人只知赚钱，于是有鸦片之战，而引起一般士大夫的仇视外国人。

1900 年以后，外人对于中国的侵略改变了方式，由政治的而变为经济的，美国国务卿海约翰通牒各国，不许瓜分中国，各国乃保全中国的领土，开放中国门户，以财政资本侵略中国，本来在 1895 年中日条约，规定外人可以在中国设置工厂，于是外人在华经商不必向外国运输而直接可在内地制造，到现在的 1900 年以后有所谓四国银行团的组织，就是预备借钱给中国人，向中国投资，而形成财政侵略的阵势。从前中外的关系不过商品买卖的关系，而 1900 年以后则不止买卖的关系了，从前发生了买办阶级，现在发生了以外国资本为中心的资本阶级了。曩昔以做官买地为荣的士大夫，现在则起而经商，故乡村商会的会长都由商人兼士大夫那些人担任的，从前崇拜身分，现在则崇拜金钱了。于是有下列二种结果！

1. 士大夫身分一部分崩坏。

2. 政府的基础从乡村移入都市。

至此政府也不仇视外人了，因为一方面可以向帝国主义者借债，一方面都市工商银行业和都市间的铁路都靠帝国主义者的经营而发达，一变他们仇视的态度而为亲善的态度了。

在商业贸易的时候，中国货品与外货竞争，在外国人可以在华设立工厂的时期，中国工厂因不能与之竞争而破产，但到财政资本时期，中国工厂不怕破产，可以向外国银行团借款，受外人的接济，而投降于帝国主义者了。在这个情形之下，中国官僚政府与都市商人发生关系，互为利用，因此勾结帝国主义形成压迫中国民众。

在此时来解决土地问题，可以打倒士大夫的残余势力，不过不能解除帝国主义通过官僚政府的对中国的统治。

士大夫与革命的知识分子有什么关系呢？从前学校毕业的学生，都可做士大夫，他们不是革命的，总理所以在组织兴中会的时候不找士大夫而找会党的，现在知识分子增多，士大夫减少，而知识分子有不能得士大夫这个身分的了，于是一部分知识分子起而革命，反对士大夫了。

我们研究中国社会史而去考古，但不是为 Curiosity 而考古，我们相信能从此得到解决当代问题不少的帮助，而对于时代做一个供献。希望大家努力！

婚姻与家族

第一章　宗法以前及宗法

一、什么是宗法?

近几年来,有许多社会学民族学的名词,都成了惯熟的口号,于是这些名词的意义都晦了。说到经济与政治构造,差不多什么都是"封建的";说到亲属制度,差不多什么都是"宗法的"。这样一来,封建制度与宗法制度的意义就模糊不清了。在社会学民族学上,封建制度与宗法制度自有确定的意义。中国现在的社会里,并没有确定意义的封建与宗法制度存在。某种的现象(如官僚制度及地租制度)类似于封建制度,又有某种的现象(如男子本位的婚制及家长权本位的家制)渊源于宗法制度,然而这些现象却并不是封建及宗法制度的自身。

话虽如此,然而中国今日保守者主张保存宗法制度,急进者主张破除宗法社会。由社会学民族学的眼光看来,这两者全是"无的放矢"。中国今日既没有宗法制度可以保持,又没有宗法制度可以铲灭。中国今日只有宗法的变态和遗迹,犹之乎在经济与政治上只有封建的变态与遗迹。我们为什么要保持这种变态与遗迹?然而这些变态与遗迹究不是封建及宗法制度的自身。

拙著《西汉经济史》小册(《中国历史丛书》之一)曾说明在《春秋》时代以后封建制度已开始分解。秦汉以后,完整的封建制度已不存在。本书将说明宗法制度也有同样的运命。本书将指出西周以前(公元前1122年以前)没有完整的宗法。封建制度正盛的西周到《春秋》时代,也正是宗法的时代,而宗法乃是封建贵族的亲属组织。《春秋》时代以后,封建制度开始分解,宗法制度也开始变迁。从战国到五代(公元前四世纪到公元十世纪初)在经济构造以大土地私有制度为特征,在亲属组织以族居制度为特征。自此以后,族居制渐变为家长制之家族制度。近三十年,则家族制渐次分解,而进于夫妇制之家制。

当进行叙述的时候,首先要指出所谓宗法的正确意义。

宗法是氏族制度的一种。其最重要的征象有三:

第一是父系的(partrilineal)。依血统而计亲属,则凡是与我有血统的连续的,都是我的亲属。再加以血统所由生的婚姻来计算,则凡与我有婚姻关系相连续的,也都是我的亲属。前一种可以叫做血亲,后一种可以叫做姻亲。例如父与父之父都是血亲;母及母之母也同是血亲。子及子之子是血亲;女及女之女也同是血亲。又如妻之父母是夫的姻亲;夫之父母也就是妻的姻亲。这是两系并计的方法。在氏族社会,很少用两系并计亲属的。氏族社会大抵用单系(unilateral),而不用双系(bilateral)。单系制或只计父系(patrilineal),或只计母系(matrilineal)。如Zuñe族,Hope族,都以母系计亲属。如中国的汉族却是以父系计亲属的。崔适《东壁遗书·五服异同考》有几句话说得最透:

由父之父递推之,百世皆吾祖也。由母之母而递推之,三世之外有不知谁何者矣。

这正是由于我们的亲属是由父系计算的缘故。

第二是父权的(father-right)。父的身分及权利传于子,叫做父权。反之,身分与权利传于女系的亲属,如麦兰里西岛(Melanesians)传于外甥,叫做母权(mother-right)。麦兰里西岛人不懂父与子有什么特殊关系,男酋死后,身分传于他姊妹的男儿。他们只懂得以甥继舅。他们认父与子的关系不越于常人。反之,中国的习惯则重视父子的关系。父死子继。

第三是父治的(patriarchal)。一族的权力在于父(即一族的最尊长者)或子女受父的支配,叫做父治制(patriarchate)。反之,一族或一家的权力在于母,叫做母治制(matriarchate)。过去的民族学者每把母系的氏族解释为母治的氏族,以为凡是以母系计亲属的氏族,其权力就在于母。但现在半原始种族的风习与此不合。奥大利亚诸族,有些是父系的,有些是母系的,而女子的地位却不相上下。麦兰里西亚岛诸族也是这样。这些种族,母亲虽没有权力而权力也不在于父。子女不受父的支配,而受母之兄弟的支配。反之,中国的汉族,一族及一家的权力在于父,子女受父的支配。①

中国的宗法是有上列特征的氏族制度。宗法组织是父系父权父治的氏族。现在的家虽也是父系父权父治,但氏族组织久已变迁,所以还不能叫做宗法组织。

这三个主要征象之外,还有几个征象,也应当指出的:

① R. Rivers, *Social Organization*, pp. 12—13, R. H. Lowie, *Primitive Society*, pp.16—17,111—112,160,259,269—270,316 f.

第四是族外婚制(sib-exogamy)。中国的苗族取族内婚制(endogamy),汉族则取族外婚制。本来外婚与内婚不单指族外族内为婚而言的。如印度的四姓阶级(caste)是取阶级内婚制。欧洲的贵族是取阶级内婚制。中国在唐代,律例宣示极严格的阶级内婚制。但这与宗法无关。与宗法有关的是族外婚制。

第五是长子继承(primogeniture)。在欧洲,罗马时代取均分继承,即父死以后,财产由子均分。中世纪封建制度成立,长子继承制始逐渐传播。父的身分及财产全归长子一人继承。印度的村落共同体(village community)的族长身分也永由长子承继,长子死传之长孙。中国的宗法是取长子继承制度的。①

我们确定有上述特征的氏族,叫做宗法组织。再来观察中国亲属制度的发达过程。

二、宗法以前的亲属制度

公元前1122年以前,繁荣在黄河腹部以东的商族,没有如上节所说的宗法制度。

这时代的商族是使用石器的种族。商族的石器据近来所发现的遗器来推测,是新石器。这时候主要的生产是畜牧。耕植似渐进为重要的生产。关于畜牧,可从祭祀所用牺牲的数量之大来推测。罗振玉《殷虚书契考释》说:

① H.Maine, *Ancient Law*, Chapter VII.

其祭时牢鬯之数无定制。一以卜定之。其牲,或曰“大牢”,或曰“小牢”,或牛,或羊,或豕,或犬。其牛又曰“牡”,曰“牝”,曰“羊”,曰“犆”。其用牲之数,或一(《殷虚书契》卷一之十页,四七页,二九页);或二(一之十,三之二三);或三(六之七,一之七,一六,四〇,二八,九);或五(四之一六,一之三五,三六);或十(一之四四;四之二九;一之一一,二四);或二十(十牛十羊,一之五三);或三十(四之三四;五之三);或四十(四之八);而止于百(六之四二)。

《戬寿堂所藏殷虚文字》于以上诸数之外,又有如下之各数:

六——贞三羊卯三牢;六牛。

七——其七牛。

十五——贞牛十五。

百——尹百牛;叀百羊用。

这样大批的牺牲,当然取用于大量的畜牧。关于耕种,《殷虚书契》有田、囿(卷四第十二页)圃(二之八页)等字。又有如下的卜辞:

贞黍年(三之二九,四之四〇,五三)

受黍年(三之二九,三之三〇)

黍受年(三之二九,三之三〇)

中央研究院历史语言研究所《新获卜辞写本》有:

甲辰贞其登黍(下行一四二)

《戬寿堂所藏殷虚文字》于黍之外又有麦之卜辞：

其田麦毕。
叀麦田亡栽。

关于禾的，如受禾(《戬寿堂》)，求禾(《新获卜辞》下行二一〇)。

耕种是用石刀的。甲骨文字没有用石刀耕田的记载，但石刀耕田的方法，颇行于石器时代种族之间。在明代，中国南方之藤州还是——

以青石为刀剑如铜铁。国人垦田，以石为刀，长尺余。(《本草纲目》)

南北朝时代流求岛人用石刀行烧田法——

流求国厥田良沃，先以火烧而水灌，持一锸，以石为刃，长尺余，阔数寸，而垦之。(《北史东夷传》)①

甲骨文字有焚字如下：

(《铁云藏龟》八七页)。

① 章鸿钊：《石雅》，附录。

(《殷虚书契》卷一之三三页)。

《说文解字》以焚为“烧田”。商族或使用石刀耕种及烧田法。故焚字下从火,上象苗。

在这种生产方法之下,我们可以推想男女分工的事实。狩猎,畜牧,战斗,这是男子的事。畜牧生产是与狩猎及战斗相伴的。这种活动既属于男子,则在以畜牧为主要生产的时代,女子是卑屈的。《古诗》有“长跪问故夫”的句子,而《汉书》载吕后长跪谢周昌的事。苏秦挂六国相印归来,其嫂四拜而跪。《吴越春秋》载浣纱女子长跪以餐与伍子胥事。[1] 这固然是战国以后的风习,而甲骨文的女字,正取长跪的形象:

女(《新获卜辞写本》一六)。

妻(《殷虚书契》四之二五)(同上)

或者这时候,好战的畜牧武士有掠夺女子为妻妾的事情。所以妾字奴字,与妻字同从长跪的女字:

妾(《藏龟》二六九)。

奴(《书契》卷一之二四)。

但是死去的母或祖母的地位却又很高。也许女子是农耕技术的发

① 宋,王楙《野客丛话》。

明者，故随农耕生产之重要而母的地位也抬高。也许商族是从母系氏族过渡到父系氏族的种族，母之崇拜还很严重。也许这两点同时都有。（也许如后文所说，另有原因。）商末崛起西北的周族也是崇拜一个妣的。如《斯干》之诗：

> 姒续妣祖，筑室百堵。

这受祭的妣大约就是《生民》之诗所指农神后稷之母姜嫄。不论怎样，商族特祭妣或母的事实是确实的。妣或母的地位不高，子孙为什么要单祭她呢？甲骨文有如下的母妣特祭记载：

特祭高妣的，例如：

癸未贞其氺卜于高妣丙（《书契》卷一之三三）。

贞之于高妣庚（同上卷一之三六。）

贞Ɛ之于高妣己高妣庚（同上）。

特祭妣的，例如：

丁酉卜□妣乙以羊（《戬寿堂》）。

乙亥ɑ卜来己酒羊妣己（《书契》卷八之十三）。

于妣庚（同上卷一之四三）。

于妣壬（同上卷一之三八）。

于妣癸（同上卷一之三八）。

特祭母的，例如：

贞之于母二牛（同上一之二九）。

于母己小牢用三(同上一之二八)。

母庚牡一(同上一之二九)。

庚申卜王贞其又于母辛十月(《戬寿堂》)。

贞𦤎母癸(同上)。

除了对母妣特祭以外,还有告于母妣的卜辞:

告于庚妣(《书契》卷一之三五)。

贞于妣庚告(同上)。

从此可见母妣的地位是独立而高贵的。

男女分工之外,还有男子自身的分工。由于男子的分工,乃有役使男子的意识。新石器时代的商族,初发见劳动的价值。商族一方面在征战之中杀戮多人,一方面又有收留俘虏以作奴隶的事实。甲骨文字有如下的字:

俘(《书契菁华》)。

仆(《书契》后编下二〇)。

罗振玉先生考释说:“仆为俘虏之执贱役渎业之事者,故为手奉粪弃之物以象之。”又说:“象人形而后有尾。许君所谓古人或饰系尾,西南夷亦然者是也。”由杀戮到收留,是人类对劳动力的一大进化。当生产方法幼稚时,一人劳动不足或仅足自己的衣食。这时候战胜者对战败者只有杀戮而掠他的一切用物食料。到了一人的生产足供自己衣食而有余,则剩余劳动及剩余生产的剥削发生。

最初剥削剩余劳动及剩余生产的方式，便是收留俘虏为奴隶。畜牧的技术，需要劳动力并且需要大量劳动力。石器耕种也渐有劳动力的需求。战胜者由此渐有收留奴隶之必要与可能，他们不再大量杀戮俘虏了。他们旧来杀戮俘虏，是一种祭仪。现在他们不杀，他们却不能废却这样的祭仪。他们遂用少数俘虏为牺牲，与牛羊同献于祖妣。奴隶制度初生的时候，人祭的习惯是存在的。商族的人祭，没有很多的证据。但《戬寿堂所藏殷虚文字》有如下的卜辞：

贞十羊　贞十人

这“贞十人”的一句既与“贞十羊”同雕，当然与“十牢”、“其十牢”、“贞五牛”、“贞十牢”，没有不同的意义。我认定这是从杀戮俘虏到收留奴隶的过渡仪式，留传到后来的。于人祭之外，乃有如下的贞卜：

戊戌卜大占奴(《戬寿堂》)。

三月奴(同上)。

男子分工之外，在狩猎与畜牧及战斗三位一体的生活方法之下，又有老幼的分工。老幼分工乃产生世代的分别。世代的分别，在商族是很明显的。祖、父、兄、子这些称呼(nomenclature)已经存在，并还有高妣、妣、母、妹的称呼。世代层的分划是再明了没有的了。

男女分工与世代分工交错的结果，遂发生择偶的限制。两半族（phratry）或两支族（clan）之年龄相等者通婚，由此寖假而有如下的限制：世代相当的男与女始可以通婚。同一世代之男与其他同一世代之女通婚。一则当时特定婚制还没有发达成熟；二则依于男女及世代分工，同一世代的男子在同一天幕或房舍居住，同一世代的女子亦同；所以下一世代的分子对于上一世代的分子无分别而通称为父或母，对于再上一世代的分子通称为祖或妣。商人以“干”为名，于是有如下的卜辞：

祖辛一牛祖甲一牛祖丁一牛（后编卷上二六页）。

甲辰卜贞王宾氺祖乙祖丁祖甲康祖丁武乙衣亡□（同上二〇页）。

这是孙对于祖一代称呼不加分别的实例。无论是辛或甲或丁，无论是乙是丁是甲是丁，都称为祖。即加以区别，也只用数为分别。例如：

□□于三祖庚（前编卷一第十九页）。

王静庵先生说：“案商诸帝以庚名者，大庚第一，南庚第二，盘庚第三，祖庚第四。则三祖庚即盘庚也”。至于父一代则有如下之例：

父甲一牡父庚一牡父辛一牡（后编卷上之二五页）。

罗振玉先生以为这是武丁之诸父：阳甲、盘庚、小辛。其单称父某的，有：

父甲（前编卷一之二四）。

父乙（同上之二五及二六）。

父丁（同上之二六）。

父己（同上之二七及卷三之二三又后编卷上之六及七）。

父庚（前编卷一之二六及二七）。

父辛（同上之二七）。

保定南乡出土的勾兵也有如上例的称呼出现于铭语：[①]

大祖日己祖日丁祖日乙祖日庚祖日丁祖日己祖日己（其一）

祖日乙大父日癸大父日癸中父日癸父日癸父日辛父日己（其二）

大兄日乙兄日戊兄日癸兄日癸兄日丙（其三）

这表示商族后代对前代，是兄弟同礼的。祖一辈都是祖，父一辈都是父，乃至同辈年长都是兄。这表示商之氏族里面只有世代的分划，却没有家的组织。父与子并没有显明特别的关系。

由女子的名也用甲乙而不称姓，与男子名同这一点推论，商族没有族外婚制。参酌以前所说妻妾从长跪的女字来看，或许商族一方面取族内婚制，同族的女子之为母妣者地位很高；一方面又有

① 以上及此条俱出王国维即静庵《观堂集林》，“殷周制度论”，及论两句兵之论文。

掠夺异族女子为妻妾的倾向,但她们地位很低。女子名甲乙而不称姓,实例如下:

妣甲(《书契》卷一之二七)。	母丙(《戬寿堂》)。
妣乙(同上卷一之四八)。	母己(《书契》卷一之二八)。
妣丙(同上卷一之三三)。	母庚(同上卷一之三〇)。
妣己(同上卷一之三三)。	母辛(《戬寿堂》)。
妣庚(同上卷一之三五)。	母癸(同上)。
妣壬(同上卷一之三八)。	
妣癸(同上卷一之三八)。	

商族只有世代组织却没有家族组织,所以身分的传承,是取"兄终弟及"的制度。王静庵先生在《殷周制度论》一文里说道:

> 商之继统法,以弟及为主而以子继辅之,无弟然后传子。自成汤至于帝辛,三十帝中,以弟继兄者凡十四帝(外丙、中壬、大庚、雍己、大戊、外壬、河亶甲、沃甲、南庚、盘庚、小辛、小乙、祖甲、庚丁)。其以子继父者亦非兄之子而多为弟之子(小甲、中丁、祖辛、武丁、祖庚、廪辛、武乙)。惟沃甲崩,祖辛之子祖丁立;祖丁崩,沃甲之子南庚立;南庚崩,祖丁之子阳甲立;此三事独与商人继统法不合。此盖《史记·殷本纪》所谓中丁以后九世之乱,其间当有争立之事而不可考者矣。①

① 《观堂集林》。

由上述可知商族没有如前节所说的宗法制度。一没有严正的父治。二没有嫡长的继承。三没有族外婚姻的限制。商族没有纵断的大宗小宗的系统,却只有横断的世代层的划分。

三、宗法及其理论

商族没有父系父权父治及长子继承与族外通婚的氏族制度。这种制度是周族的。当周征服黄河流域并蔓延长江的时代,中国的各地种族也不是全行宗法的。即在周族,宗法组织也未必有汉儒以降所传习的宗法理论之整密。以某种实际现象为依据而铺陈的理论,与该现象自身是要分别看待的。现在我们论宗法的成立及其理论。

甘肃及其西与北,是一水草区。在汉代以前,这里是游牧的处所。陕西邱陵却是"号称陆海,为九州膏腴"。① 周族的传说,是从西方迁徙陕西的故事:"后稷封斄,公刘处豳,太王徙岐,文王作酆,武王治镐。"②而后稷却是农神。周族是以农业为主要生产的氏族了。然而从《诗经》里关于公刘及太王的故事来说,的然好像周族是武装贵族统治农民的阶级组织。③

在约公元前十一世纪时,铜器已经使用为农具与刀兵。关于农具,《诗·周颂》说:"庤乃钱镈。"《传》云:"钱,铫也。镈,鎒也。"《说文》也说:"钱,铫也。"字既从金,足征周代农器用金属制造。

---

① 《汉书》卷二十八下《地理志》。
② 同上。
③ 拙著《中国社会与中国革命》(上海新生命书局出版)第一章已指出此事。

关于铜制刀兵，武王有用轻吕斩纣之传说。依夏德《中国古代史》考证，轻吕或湛庐是土耳基族剑名。[①] 又

> 《左传》云："天生五材，谁能去兵"？五材谓金木水火土。是似有兵以来即用金矣。故兵有金之义。古人每称兵革，《周书》大明武解正称金革是也。金当为铜。言铜与革古皆以为戎器之用也。[②]

农具由石器进为铜器，则农耕即由副次生产进为主要生产。"故《豳诗》言农桑衣食之本甚备。"兵器由石器进为铜器，则战斗即由普通活动进为专门技术。"乃裹糇粮，于橐于囊，干戈戚扬，弓矢斯张"的武装贵族就是一由于农耕有剩余生产，二由于战斗成专门技术而存在的。武装贵族或许是从甘肃西与北水草区域游牧部落来的，但其存在的前提却是铜制农具和兵器。

由商到周，是由石器到铜器的转变时期。经济因此由游牧及烧田转变为锄耕农业。社会组织由此转变为封建制度。亲属制度当然也追随转变。亲属制度怎样转变呢？初用铜器的农业，一方面需要集合劳动，他方面需要分散劳动。在开垦的时候，集合劳动是必要的。在耕种的时候又以分散劳动为必要。当耕种的时候，有分工也有合作，如协助施肥、锄草，及收获，这又是分散劳动之中的集合劳动。因此耕地于共同开垦之后，分配于各个农家。此各个农家更有"守望相助"的团结。于是家族渐从氏族之中分化起

① 德人(Hirth)所著，有日译本。

② 《石雅》附录。

来。在分化的初期，我们看见有力的氏族组织，同时又看见萌芽的家族制度。①

农耕既代替畜牧而为主要生产，于是男子弃畜牧而僭取从前掌握于女子的农耕。女子的地位遂又降落于附从之境。一个农夫为耕作而有榨取妇女及儿童劳动的必要。因此而家长支配家属的家族制度，渐次萌兴于氏族组织之中。农家随所属的“氏族”，分隶于贵族统治。每个农民“氏族”有族长统帅以听贵族的命令。族长的职务大约是协助田吏——畯——收夺农家的剩余生产——贡，及剩余劳动——助。农民氏族叫称宗，其中的分支叫做分族。所以《左传》载周初分割农户的传说如下：②

> 昔武王克商，成王定之，选建明德，以藩屏周。故周公相王室以尹天下，于周为睦。分鲁公以殷民六族：条氏、徐氏、萧氏、索氏、长勺氏、尾勺氏，使帅其宗氏，辑其分族，将其丑类，以法则周公，用即命于周；是使之职事于鲁，以昭周公之明德；分之土田陪敦，祝宗卜史，备物典策，官司彝器；因商奄之民，命以伯禽，而封于少皞之虚。分康叔以殷民七族：陶氏、施氏、繁氏、锜氏、樊氏、饥氏、终葵氏，封畛土略，自武父以南，及圃田之北竟；取于有阎之土，以共王职；取于相土之东都，以会王之东蒐；聃季授土，陶叔授民，命以《康诰》，而封于殷虚；皆启以商政，疆以周索。分唐叔以怀姓九宗职官五正，命以《唐诰》，而封于夏虚；启以夏政，疆以戎索。

① 《汉书》卷二十八下，指《诗经·豳风》关于农桑诸什。

② 定公四年，苌弘所说。

这是瓜分农户与耕地的传说。农户是以宗氏或宗族而瓜分的。

统治农民的贵族，则有宗法以组织血族。这种组织法，演为汉儒以降的宗法理论。现在把这个理论分别说述于下：

（一）别子与其子孙　《礼记·大传》：

> 别子为祖。继别为宗。继祢者为小宗。有百世不迁之宗，有五世则迁之宗。百世不迁者，别子之后也。宗其继别子之所自出者，百世不迁者也。宗其继高祖者，五世则迁者也。

这是宗的组织法。什么是别子？别子就是公子。[①] 诸侯的长子是世子，将来继位诸侯。次子以下无论支子或庶子，都是公子。别于嫡长，所以叫做别子。别子分受庄园，为卿大夫。他就成了一个“土地与农民”的统治氏族的始祖，这叫做“别子为祖”。别子的嫡长子孙，世世继承卿大夫的身分与庄园，叫做大宗。大宗宗子永远祭祀别子，别子的主位永远在宗庙里受祭祀，这是“百世不迁”的第一义。同一始祖的分族永远奉大宗宗子为族长而受他的庄园的扶助，这是“百世不迁”的第二义。大宗宗子既承继始祖的身分和庄园，他的诸弟呢？诸弟如果自受封土，列为卿大夫。便成了领地统治者氏族的始祖。如果宗子的诸弟没有特别受封，则分受耕地，而为耕战的自由地主——士。他由此就成这块耕地的地主家族的祢。他的长子承继他“士”的身分与耕地。这一系统叫做小宗，小宗宗子收养同此一祢的分支。小宗分支的家族崇奉这小宗宗子。分支的范围止于五世。五世以外，便自立小宗。同一分支的宗人

① 毛奇龄《大小宗通绎》。

只祭到高祖为止。高祖以上的祖在祭祀范围以外。这便是“五世则迁”。小宗可以有四个,大宗只有一个。别子即庄园初建的始祖之嫡长系是大宗。称之嫡长系对于同高祖之族兄弟为高祖宗;对于同曾祖之再从兄弟为曾祖宗;对于同祖之堂兄弟为祖宗;对于同父之兄弟为父宗。小宗四与大宗一,叫称“五宗”。(列表如下)

(二)公子与其诸弟　一个诸侯如有几个支子庶子,那要建立几个大宗呢?《礼·大传》说:

> 有小宗而无大宗者,有大宗而无小宗,有无宗而亦莫之宗者,公子是也。公子有宗道,公子之公为其士大夫之庶者,宗其士大夫之适者,公子之宗道也。

这段话的解释有三:(a)吕与叔与毛奇龄主张一君的支庶,只有一宗。如果公子中有嫡有庶,则嫡为大宗,庶为小宗。这就是“有大宗亦有小宗”。如果皆庶而无嫡,就“有小宗而无大宗”。如果有嫡而无庶,就是“有大宗而无小宗”。如果只有庶子一人。就是“无宗而亦莫之宗”。但是全体皆嫡,则降众嫡使宗最长的一人。全体皆庶,则升最长的一人为大宗。所以一君之子只有一个大宗。(b)万斯大主张凡公子之为大夫者为大宗。凡为士、庶人者皆为小宗。(c)郑康成、孔颖达、吕伯恭、陈用之主张诸公子皆为大宗。我在民国十六年一月编《亲属法大纲》一书的时候,主张第一说。[1] 现在觉得这不是抽象问题,要看庄园授予的情形而定。有领地的公子是要成立大宗的,这一点以万斯大(《宗法论》)所说为是。但诸大宗

① 《亲属法大纲》三二页。此书由商务印书馆出版,现将停版改编新著。

之间，嫡子的地位优于庶子，长者的大宗优于幼者。鲁桓公三个公子都有领地而各为大宗，但季氏的地位高于庆父。郑穆公七个公子都有领地而各为大宗，但权力最大还数子皮。① 则第一说的精神未始不贯注其间了。

（三）宗法图

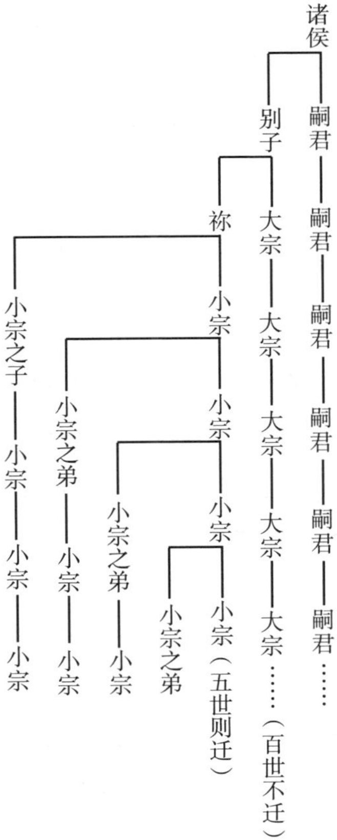

① 《大小宗通绎》。

（四）宗的职能　由上述，可知宗法理论是就贵族的宗族组织来发挥的。《礼》所谓宗法是周代贵族组织法。宗法的财产基础自然不是氏族的共有财产，而是卿大夫的世禄庄园。原始社会的氏族以公有土地及公有财产为基础。卿大夫的禄田却是农家所耕种、贵族所享用的封建财产。

大宗的庄园是嫡长相承的。庄园对于宗人负"收族"的义务。小宗的耕地，应当是小宗宗人所共有了。清代程瑶田氏（《宗法小记》）虽主张小宗同财。其根据是《仪礼·丧服传》所说：

> 昆弟之义无分，然而有分者，辟子之私也。子不能私其父则不成为子。故有东宫，有西宫，有南宫，有北宫：异居，而同财——有余则归之宗，不足则资之宗。

宗是谁？程瑶田氏虽释为小宗宗子，去古较近的《郑注》却以为："宗者，伯叔父典宗事者也。"《郑注》意谓大功以上的亲属同财，小功以下仍不同财。所以这句话不容易作小宗同财的根据。综之，世禄的禄田已不可与原始共有产同视。庄园为大宗嫡长系统所传承，耕地也是小宗嫡长系统所承继。与宗子同居宗亲范围之大小，不易悬揣。《郑注》是依后汉时代一家同居止于大功亲以上的现实情形来推论的。

大宗宗子是卿大夫，小宗宗子是士。卿大夫是领地的统治者。他对于领地上的农奴有生杀统辖及审判的威权。士对于所属奴隶也有生杀的权力。在氏族组织内部，宗子对于宗人也有统治的权力，[①]

① 参看 Sir Henry Maine，*Ancient Law*，Chap.VIII，印度村落共同体常由一族最长房最长子管理。如他年纪太轻，以年长族人监护。

其尊严表现于主祭及宴饫的时候。这时候，宗人都应当侍立，并依辈分的尊卑定坐次。① 宗子差不多是一宗的祭司，也正如祭司一样，有教导宗人的权能，②和为族人主婚的职务。③

由于上述，我们已可看出周族的宗法是父系父权父治的氏族组织。所应注意的，是这种制度是贵族身分的宗族制度，不是原始的氏族社会制度。

四、长子继承与族外婚制

前节已经指出：周的封建领主（卿大夫）传庄园于嫡长子孙。自由地主（士）的耕地也是嫡长相承。这与商族兄弟相承的制度大不相同。这长子继承制度也不是一天成立的。它的成立是与庄园制度成立相伴随的。在商末周初，长子继承还没有全然确定。王静庵先生《殷周制度论》说道：

> 大王之立王季也，文王之舍伯邑考而立武王也，周公之继武王而摄政称王也：自殷制言之，皆正也。

---

① 《尚书·大传》："宗将有事，族人者皆侍，终日。"《礼记·文王世子》："族食，世降一等。"又《祭统》："昭与昭齿，穆与穆齿。"《孔疏》："各自相旅，尊者在前，卑者在后。"

② 《礼记·昏义》："是以古者妇人先嫁三月，祖庙未毁，教于公宫，祖庙既毁，教于宗室。教以妇德，妇言，妇容，妇功。"

③ 《仪礼·士昏礼》云："宗子无父，母命之；亲皆没，己命之；支子则称其宗，弟则称其兄。"

周代立嫡之法，也不像汉儒所说那样严正和细密，但确渐以立长为原则。后人推衍这个原则如左：

（甲）有子皆嫡——“立嫡以长不以贤”。（《公羊传》）

（乙）有嫡有庶——“立子以贵不以长”。（《公羊传》）

（丙）有子皆庶——这有两种方法：一是用卜。《檀弓》：“石骀仲卒，无适子，有庶子六人，卜所以为后者，曰：沐浴佩玉则兆。石祁子不沐浴佩玉，石祁子兆。”二是立长。《左传》襄公三十一年：“穆叔曰：太子死，有母弟则立之，无则立长：年钧则贤，义钧则卜，古之道也。”但长子死则立弟，孔子是否定的。《檀弓》：“仲子（公仪）舍孙立子。子游问诸孔子。孔子曰：否，立孙。”公羊家说得更细：“礼：嫡夫人无子，立右媵；右媵无子，立左媵；左媵无子，立嫡侄娣；嫡侄娣无子，立右媵侄娣；右媵侄娣无子，立左媵侄娣。质家亲亲先立娣，文家尊尊先立侄。嫡子有孙而死，质家亲亲先立弟，文家尊尊先立孙。其双生也，质家据现在，立先生；文家据本意，立后生。”王静庵氏批评得好。他说：“顾皆后儒充类之说，当立法之初，未必穷其变至此。”

（丁）无子——在商族无子者不生问题。兄无子，以弟继。所以商族没有立嗣的制度。周代既渐行嫡长继承，则无子者不得以拟制（fiction）而为之立后（adoption）。“为之后者为之子。”商族却没有这样的拟制。立后的法则在理论上也很严密。

（a）所后者为大宗。这是说只有大宗无子应为立后。“小宗无后当绝。”——何休之说。其根据在《仪礼·丧服传》：

为人后者孰后？后大宗也。曷为后大宗？大宗者尊之统也。禽兽知母而不知父；野人曰：父母何算焉！都邑之士则知尊祢矣。大夫及学士则知尊祖矣。诸侯及其太祖。天子及其始祖之所自出。尊者尊统上，卑者卑统下。大宗者尊之统也，大宗者收族者也，不可以绝，故族人以支子后大宗。

(b)为后者为宗人。这含有两种意义。

(一)异姓不可为后。所谓"神不歆非族"。《仪礼·丧服传》："何如而可为之后？同宗则可为之后。"

(二)为后者为支子。《仪礼·丧服传》："何如而可以为人后？支子可也。"又说："适子不得后大宗。"

(c)殇不立后。年十九以下而死，叫做殇。《礼记·曾子问》："宗子为殇而后，庶子不为后也。"但战死者还是可以立后。《檀弓》：孔子曰："能执干戈以卫社稷，虽欲无殇，不亦可乎？"

以上是长子继承制度及立后制度，商族所没有而周族逐渐采行的。以下再说族外婚制。

商族没有族外婚制。族中母妣的地位虽然很高，但随农耕生产堕入男子之手，而向族外掠夺异族女子以为卑屈的劳动机器，渐成风俗。卑屈的妻妾在商族已经存在。到了农业繁盛的周代，多妻制更是确立了。妻妾都要从外族取来。"取妻不取同姓，买妾不知其姓则卜之。"由此可知妻妾的差异，在于前者娶而后者买。买妾固然用货币。(货币不一定是钱，贝、帛、谷都是古来的货币。)贵族娶妻，也要先用玄纁束帛作聘礼，叫做纳征。结婚的礼节，贵族用车亲到女家来迎，而必在黄昏时候。因此学者或认为掠夺式，或认为买卖式，有如后述。无论是掠夺或购买的方式，妻与妾是要由外族取来的。《春秋》以后的学者说明(interpret)族外婚制，好像是由于生物学的理由：

男女同姓,其生不蕃。(叔詹)

内官不及同姓,美先尽矣,则相生疾。(子产)

先王聘女于异姓,务和同也。声一无听,物一无文。(《史伯》)

他们真懂生物学吗?他们是懂了生物学以后始取族外婚制,还是已有族外婚制始用生物学的理由来解释?这是很明了。人们常对无意识留传的风俗,加以有意识的解释。

于生物学的说明以外,还有从礼制上加以解释的。原来氏族自古各有象征以为识别,叫做图腾。图腾(totem)是什么?在生产技术幼稚的时代,民众不能够克服或利用自然。他们畏怖自然和倚赖自然。他们感觉自然有超越的神力。他们因此有超自然主义(supernaturalism)。他们各族都有特殊的保护神。商的玄鸟,秦的黄蛇陈宝,楚的日神火神(羲和与祝融),任宿、须句、颛臾的太皞,郯的以鸟名官的少皞,齐的以山水为象征的神主,这些都是各族的保护神。这种超自然主义与氏族制度相结合,便构成图腾主义。①氏族的族人确信保护神就是本族的祖先。他们相信是祖先的象征,如玄鸟,如火,如蛇,如野鸡之类,便是他们的图腾。一族有共通的图腾,其后流为姓。一族以内的分族有各别的记号,其后流为氏。在封建制度,每一侯或数侯,同出于一祖或自认同出一祖者,有一姓。如姬、姜、嬴、姞之类。每一国有一号,如鲁、齐、秦、燕之类。每一庄园领主之族有一氏,如孟孙氏、叔孙氏、季孙氏、唐杜

① A.A.Goldenweizer: *Early Civilization*, p.282.

氏、棠溪氏之类。同姓不婚既成禁律(tabu),于是女子称姓,以为识辨之资。至于男子有庄园者,称氏以表示尊荣。男子称氏,女子称姓,是周族的习惯。称氏是由于贵族男子有封建财产及由此所生的身分;称姓是由于同姓不婚的禁律。商族没有封地制度及族外婚制,所以没有男称姓女称氏的制度。最古的女子称姓,是姜嫄。姜嫄的称号却又是周族造出来的。纣伐有苏氏,有苏氏以女贡纣,叫做妲己,[1]似乎商末女已称姓,但纣的荒淫又是周族造出来的。到了周代,同姓不婚,女始称姓。然而学者却以女子称姓来解释同姓不婚的理由。《礼·大传》说:

> 四世而缌,服之穷也。五世袒免,杀同姓也。六世,亲属竭矣。其庶姓别于上而戚单于下,婚姻可以通乎?系之以姓而弗别,缀之以食而弗殊,虽百世而婚姻不通者,周道然也。

这是说:六世以外的男女可以通婚吗?不能。依周道,同姓男女是一个姓;祭祀的时候又在一块宴饫;所以虽百世也不能通婚。

周族的宗法,在理论上是如上所述。但在当时,与此相异的习惯是很多的。

五、异于宗法的习惯

约在公元前630年以前(楚成王死时以前),楚取少子继承制

① 事出《国语·晋语》。参看王国维《观堂集林》《殷周制度论》。

度(junior right)。成王要立长子商臣继位。令尹子上说:“楚国之举,恒在少者。”以后立长之制却渐有力。约当公元前562年,共王的儿子围杀其侄继共王与康王的郏敖。赴告于郑,文曰,“寡大夫围”。伍举改曰:“共王之子围为长。”[①]封建制度成立最晚[②]的楚也宣示立长原则做辩护弑君的口实了。

长子继承制度既在楚发现异例,长子主祭的制度在齐国也有相反的风俗。汉人记齐的风俗说:

> 长女不得嫁,名曰“巫儿”,为家主祠。嫁者不利其家。至今以为俗。[③]

汉人以为这风俗是《春秋》时代,齐襄公淫乱姑姊妹,不嫁,所以下令国中仿行的结果。事情决不是这样的。这种制度是母系氏族(mother-sib)的遗迹。

以妻款待来宾,这种风俗是半原始种族所多有。这种风俗是婚制没有确定的时代形成的。其遗迹见于燕。——

> 宾客相过,以妇侍宿。嫁娶之夕,男女无别。反以为荣。后稍颇止,然终未改。[④]

说者以为此俗起于“燕太子丹养勇士,不爱后宫,民化以为俗”。这

---

① 《史记·楚世家》。

② 拙著《辩士与游侠》(《中国历史丛书》之一)指出此事。

③ 《汉书·地理志》(卷二十八下)。

④ 同上

当然与事实不符。以上所说,是异于宗法理论的风俗制度。我们知道,中国各地生产方法、交换制度乃至社会组织,是参差不齐的。最发达的农业区虽有完整的封建制度与贵族的宗法组织。“火耕水耨”的区域,商业发展的区域,游牧及农业相半的区域,其社会经济乃至宗教信仰却与此不同。亲属制度自亦相异。这是无可怪的。

第二章　宗法下之婚姻妇女及父子

一、婚姻的目的与形式

在宗法制度之下,婚姻是两族的事,不是两人的事。这个前提是直贯到现代中国社会还是有效的。《礼·昏义》说得最明白:“婚姻者所以合二姓之好。”明了了这个前提之后,我们便可以论中国的婚姻制度。

婚姻是两族的事。男所属的族为什么要取异族的女子来作本族之一员呢?第一个目的是在收夺女子的劳动力。贵族之妻虽不必提供物质劳动,但家事是妻的职责。所以《易·家人卦》象曰:“无攸遂,在中馈。”

第二个目的是在生子。我们要知道,由婚礼结合的妻所生子才是嫡子。在长子继承制度之下,嫡子的出生是多大的事件!《礼·郊特牲》曰:“玄冕斋戒,鬼神阴阳也。将以为社稷主,为先祖后,而可以不致敬乎?”所以婚姻的目的有如《礼·昏义》所说:“上以事宗庙,下以继后世。”①

---

① 参看 Starcke, *Primitive Family*, p.260。他说婚姻的目的,在原始半原始种族是生家子和生嫡子。

第三个目的是在防制男女的交接。有了婚姻制度以后，才把婚外性交认为不法。而学者则反此，他们认为婚姻制度是所以防淫的。《礼·坊记》说："夫礼，坊民所淫，章民之别，使民无嫌，以为民纪者也。故男女无媒不交，无币不相见，恐男女之无别也。以此坊民，民犹有自献其身。"①

婚姻之目的如此，反之，男女本人的爱欲及共同生活不是宗法婚姻的目的。因之，婚姻的订立及成立，不待男女本人的同意。婚姻是由支配男女的族长或家长主持的。婚姻既是两族的事而由支配男女的族长或家长主持，所以家长或族长可以将女子出卖，也可以将女子赠送。孔子以女及侄赠送南容和公冶长，便是后者的实例。

婚姻一面是两族的事，一面究关涉男女本人。宗法制度重视前者而轻视后者。所以婚礼，可以分成两种仪节：第一种是婚姻成立的形式即关涉两族的仪节；第二是婚姻成立的事实，即关涉两人的仪节。前者具备，始算完全的婚姻。后者具备，不过男女本人的事体。

论中国礼书所记婚姻仪节者，有三种解释。

第一种解释，以为婚礼是掠夺买卖婚的遗留。梁启超先生主张掠夺说。他引《易·爻辞》："乘马班如，泣血涟如，匪寇婚媾。"他说："夫寇与婚媾，截然二事，何至相混？得毋古代婚媾所取之手段与寇无大异耶？故闻马蹄蹴踏，有女啜泣，谓是遇寇，细审乃知其为婚媾也。"②刘师培先生主张古代婚礼有掠夺及买卖两种性质。

① 原始半原始种族的婚姻，有因结婚而禁止婚外性交者，有不然者。

② 陈东原：《中国妇女生活史》二三页引梁启超《中国文化史》社会组织篇第二章语。

一:"亲迎必以昏者,则古代劫略妇女,必乘妇家之不备,故必以昏时。后世沿用其法,故以昏礼为名。"这是掠夺婚的证据。二:"俪皮之礼,即买卖妇女之俗也。后世婚姻行纳采、纳吉、问名、纳征、请期、亲迎六礼。纳采纳吉皆奠雁,而纳征则用玄𫄸束帛,所以沿买卖妇女之俗也。"这是买卖婚的证据。①

第二种解释,以为古代婚礼不是买卖婚。柳诒徵先生主张这一说。他说:"古者相见必执贽,或执羔,或执雁。国家聘使则以玉帛。皆所以表示敬礼,不得谓之买卖也。婚姻之道,男下女,女从男。故男子以其所有赠遗于女氏。游猎之民所有者惟兽皮,爰以此为赠品。后世相沿,则委禽焉,非恶俗也。"②

第三种解释,以为宗法制度下之婚姻是两族或两家的契约。在民国十六年以前,我编《亲属法大纲》时,采用此说。我的说法是:

> 纳征,所以证约也。契约观念未能充分发达之古代,约成生效,必自当事人一造有所履行之时。当事人一造有所履行,则相对人即负履行反对给付之责。当事人一造委禽焉,则相对人即负给付其女子之责矣。买卖固为契约,契约不限于买卖,斯婚约亦不得即认为买卖。纳征所以证婚约之成立而已,玄𫄸束帛非身价也。③

纳征的确是与卖买同性质的契约仪式。罗马民事婚取卖买方

① 刘师培:《中国历史教科书》。
② 柳诒徵:《中国文化史讲义》(油印本,东南大学印)。
③ 拙著《亲属法大纲》一九六页。

式，可作旁证。罗马的卖买仪式是以证人五人到场，持衡者以衡量铜授予卖主，卖主以手触铜，再由买主与卖主各出一定之言词，则买卖(mancipatio)就成立了。同样的方式，适用于债权契约，自债务人手触铜衡之后，就负给付之义务。物权契约的方式应用于债权契约(nexum)，这是婚礼中纳征的适当的旁证了。所以我觉得以法律学言，第三说是正确的。以民族学言，以第一说为妥当。玄纁束帛并不是身价，乃是定钱。

婚礼的性质既明，再论婚礼的节目。

第一种是定婚的节目。纳采、纳吉、问名、纳征，是定婚的节目。订约之征为雁。成约之征用币。证约之人为宾。宾大约是媒妁。

第二种是成妇的节目。请期之后，有亲迎，新妇入门以后，走"阼阶"。阼阶是隆重的祭祖仪节的设备。走阼阶是表示新妇共承宗庙的意义。舅姑如存，合卺的次日见舅姑。舅姑如没，等到宗族每三月庙祭的季节，新妇随宗人庙见。见舅姑的礼叫做盥馈。庙见之礼叫做奠菜。见舅姑或庙见，是表示新妇加入宗系而为附属宗系之一成分。新妇依盥馈或奠菜而成妇。

第三种是成妻的节目。同牢合卺之礼是表示男女结合的。其夕，御与媵施席，皆有枕北止。这是新妇成妻的节目。但是施席正是在寝。正寝是祭祢祭祖的重地。所以黄以周先生《礼书通故》否认男女于是夕实行媾和。

成妇重于成妻。倘若成妻之后，却没有成妇，换句话说，倘若新妇已与新郎结合，却没有见舅姑或庙见，这新妇便不能算夫族的一员。所以《礼记·曾子》问说：

曾子问曰："女未庙见而死，则如之何？"

> 孔子曰:“不迁于祖,不祔于皇姑婿,不杖不菲不次;归葬于女氏之党:示未成妇也。”

二、现于丧服之妻女地位

婚姻是两族的事,既如前述。先由“女氏之党”的方面来观察女子的地位。这种观察,最确实是观察女子的丧服制度。丧服有服与期的两方面,我们只看丧期。

斩衰三年是对至尊加隆的丧服。本来,最重的丧期是一年即所谓“期”。《礼·三年问》说:

> 至亲以期断。是何也?曰:天地则已易矣,四时则已变矣,其在天地之中者莫不更始,焉以是象之也。然则何以三年也?曰:加隆焉尔也;焉使倍之,故再期也。

这加隆的丧期,唐明以降,渐渐应用多了。在古代(至少汉儒所保持的学说)加隆的丧期是很少用的。首先是臣对于君。卿大夫士对于诸侯的丧用斩衰三年,对于天王却止用缌衰。这是因为什么?“君,至尊也。”[①]其次是子对于父。“在室”即未嫁而在家,或已嫁而大归(即离婚回母家)之女对于父亦同。为什么?“父,至尊也。”

① 《仪礼·丧服传》。

“适人”即出嫁，是女子加入夫宗的行为。加入夫宗，她便须脱离父宗。所以“嫁女之家，三夜不息烛，思相离也。”[①]她既脱离父宗，又加入夫宗；她既脱离父权，又改隶夫权，她的亲属关系当然发生一大变化。她一方面降父服为一年。为什么？“妇女不贰斩也。”什么是不贰斩。妻对于夫是服斩衰三年。“为夫斩则不为父斩”，叫做不贰斩。为什么为夫斩？“夫，至尊也。”丧服有三斩：为君斩，为父斩，为夫斩。这乃是所谓三纲的张本。那三纲？君为臣纲，父为子纲，夫为妇纲。臣绝对服从君，子绝对服从父，妻绝对服从夫。

出嫁女降三年的父服为一年。降一年的兄弟服和兄弟之子服为九月（大功）。降一年的伯叔父母服为九月。女氏之党对于女子的丧服也是同样的。在室的姑姊妹侄死，服一年。[②] 她们出嫁以后，丧服递降。为出嫁的姑姊妹女大功九月。为出嫁的兄弟之女小功三月。[③]

妻为夫族服，为夫斩衰三年。其余从夫降一等。[④] 夫为妻党服则从妻降三等。夫族为来归之妇（即宗人之妻）之服很有一说的价值。《礼·大传》说：

> 其夫属乎父道者，妻皆母道也。其夫属乎子道者，妻皆妇道也。谓弟之妻妇者，是嫂亦可谓之母乎？

① 《礼记·曾子问》。
② 程瑶田：《仪礼丧服足征记》九。
③ 吴家宾：《丧服会通说》列有表。
④ 杨信齐：《仪礼图》妻为夫党服图。据胡培翚《仪礼正义》本刻本。

这是说妻没有独立地位。她的夫是父辈,她就有母之名。她的夫是子辈,她就有妇之名,《礼·大传》:

> 同姓从宗合族属,异姓主名治际会:名著而男女有别。

异姓是指来归之妇即妻。妻的地位是以"名"来定的。夫族对妻之服因此叫做"名服"。其夫是父辈,则以母之名而服以其夫之服。其夫是子辈,则以妇之名而降其夫之服一等。夫对于妻,服一年。夫族对妻之服既是名服,则不能称呼名义的妇,便没有服。这是当然的。中国古来有一种名讳的禁律。名讳(teknonymy)①最严是对于兄弟之妻。"叔嫂不相授受。""叔嫂不通开。"所以兄对弟之妻,弟对兄之妻,在礼是没有名的,换句话说,他与她没有际会可治。所以兄对弟之妻及弟对兄之妻,"活不见面,死无丧服!"所以《礼》说如果称弟妻为妇,那末,弟称嫂为母了,这可以吗?既无名,所以无服。

从上所述,可见妻在夫族的地位,不是独立的一员,乃是夫的附从体。《礼》美其名,说:"夫妇一体也。"②实则是消灭妻的人格。

还有一点必须说明的,便是母的地位。在商族,母妣有特祭的地位,是很优崇的。周族不然。母位降低了。母妣既没有特祭,又没有独立的名分。母之所以为母,是因她为"父也妻"。生母以"至亲"③之故,应当有隆重的礼节。然而一则父在"屈"为一年的丧服。父死,母应当"伸"了,但期虽三年,而服却不用斩衰。她只是

① Lowie, *Primitive Society*, p.170.

② 《仪礼·丧服传》。

③ 同上。

至亲,她不是至尊。并且对母之服,是从父引伸而来的——“资于事父以事母则爱同”。[①] 二则继母与生母并没有差别。继母是父之妻,便是“子也母”,她的丧服“与因(即亲)母同”。[②]

子对母之服重父意。如继母之党即继母之父母兄弟姊妹死,继母如存,则子从继母行丧服。继母已死,子对她的父母兄弟姊妹便不服。这完全是从服中之徒从。什么叫徒从?“所从亡则已。”至于亲母则母虽死,子仍服她的父母兄弟姊妹。这叫做“属从”。什么是属从?“所从亡,服。”这似乎很有道理。但是子对父之父母兄弟姊妹服一年,对母之父母兄弟姊妹只服三月(缌)。姑且不论。假如父死母嫁,子为嫁母一年,减了一期。子为嫁母之党虽仍服三月但为出母之党无服。出母即被父离婚之母,与嫁母之不同,就在出母是父绝过她的,嫁母没有与父绝。与父绝之出母本人虽仍不能不视为母,她的父母兄弟姊妹便算不得外亲了。所以《仪礼·丧服传》说:“出妻之子为母期,则为外祖父母无服。”反之,“嫁母,父不命出。何得同出母乎?”——杜佑《通典》引吴商语。

还有庶子为嫡母(即妾之子为妻)本没有母子关系,却因嫡母为父也妻,所以也和嫡子一样着丧服。戴德《丧服变除篇》说:“父死为君母”三年。反之,嫡子为庶母(父妾之生子者,没有生子的不算!)缌衰三月!因为她没有父妻的名义!又有所谓慈母者。她是父妾受父命抚养子的。子为之服如母服。为什么?“贵父命也。”[③] 如果父妾抚养自己,但没有“父命”,那只有小功五月!

这样看来,母完全没有独立的地位,她不过父之妻罢了。

① 《礼·大传》。

② 《仪礼·丧服传》。

③ 同上。

三、母子与父子

宗法制度之下，母之所以为母，是因其为父之妻，既如上述。所以母子关系是以父为权衡。父之妻对于父之子是母，父之子对于父之妻是子。至于母之夫，那虽有父名，却不受父的待遇。父死后，母再嫁的夫，他死了，每前夫之子不着丧服。如果前夫之子没有亲近的宗人（大功亲），后夫也没有亲密的宗人，后夫抚养此子，为之立宗庙，筑宫室，然后此子为继父着齐衰不杖期（一年）。条件是很复杂的。如果先曾同居，后来这些条件消灭了，或是异居了，则服齐衰三月。[①] 由这些条件看来，子对继父所以着丧服，是因为继父为他“筑宫室，岁时使之祀焉”。而不因为抚养的恩义，尤不因为他有父之名。换句话说，因为继父能为前妻之夫“继绝世”，所以前夫之子为之着齐衰。

由此我们知道，古代的亲属关系完全抱拥于宗族关系之中。宗族关系及宗庙关系是亲属关系确定的权衡。我们更要指出来的，不独母子关系是宗庙关系，连父子关系也是一个宗庙关系。

如果父是长子，有承继宗庙及禄田的地位，则他的长子在他死之后便是他所承继的宗庙和世禄的继承人。如果他的长子在他死以前死了，他为此长子着斩衰三年之服。他的妻亦同。《仪礼·丧服斩衰章》：父为长子。《传》曰：何以三年也？正体于上，又乃将所

---

① 夫死，妻稚，子幼；子无大功之亲；与之适人，而所适者亦无大功之亲；所适者以其货财为之筑宫室，岁时使之祀焉，妻不敢与焉：若是则继父之道也——《仪礼·丧服传》。

传重也。庶子不为长子三年，不继祖也。[1] 吴家宾《丧服会通说》解释得好：

> 长子，继先人之世者也。小祥大祥宗与宗妇皆有事焉。父母不同为之三年，得乎？《传》曰：庶子不为长子斩。岂徒庶子而已，凡无世禄者则无是服也。故斩之服，为宗庙服也。

"妇女有从人之义，无专用之道。"他从谁呢？由丧服上可以看得出。她在室为父斩。她出嫁为夫斩。她又为长子斩。她是"在家从父，出嫁从夫，夫死从子"的。这叫做三从之义。

至于父子的关系那便不同。父虽为子斩，子却为他斩。是子从他，他不从子。父与子是宗庙的传承关系，所以相与为斩衰之服。没有宗庙的，便没有此服：庶子不为他的长子斩，长子也不为他的庶子斩。

父子的宗庙关系不独表现于丧服，并表现于子出生时。宗法制度下父子关系决不以生理关系为权衡。麦兰里西的母系氏族固然否认父子的生理关系，[2]宗法制度也不以父子生理关系为决定父子关系的基因。凡子无论嫡庶，出生以后还得以正式的礼节见父，这叫做见子礼。见子礼中，关于嫡子者，含有宗庙传承的意义。现在把见子礼分列于左：[3]

（一）见嫡子礼　三月之末，择日，剪发为鬌，男角女羁，否则男左女右。是日也，妻以子见于父。贵人则为衣服，由命士以下皆漱

① 《仪礼·丧服传》。

② Malinovsky, *The Father in Primitive Psychology* 说之甚详。

③ 《礼·内则》。

浣。男女夙兴，沐浴，衣服。具视朔食。夫入门，升自阼阶，立于阼，西乡。妻抱子出自房，当楣立，东面。姆先相曰："母某敢用时日只见孺子。"夫对曰："钦有帅。"父执子之右手，咳而名之。妻对曰："记有成。"遂左还授师。……妻遂适寝。……夫入食如养礼。

（二）见庶子礼　子生三月之末，漱浣夙齐，见于内寝礼之如始，入室。君已食，彻焉，使之特馂。遂入御。

我们要知道升降阼阶是有宗庙的意义的。婚礼中有夫降自阼阶、新妇随降的节目，表示她承奉宗庙。见嫡子礼中也有父升自阼阶，从阼阶上咳而名子的节目，表示命子加入宗系。至于庶子不能承宗，父便在内寝相见。由此我们可以推定：在宗法制度之下，夫妇父子关系都是宗统宗庙的关系。

四、离婚制度

妇女在夫族是宗统宗系之中的男子的附从物。她与夫的关系又不过一宗庙关系及宗族关系。所以决定妇女的运命的，有三个势力：第一是宗庙及宗统；第二是舅姑；第三才是夫。《礼·内则》定得好：

子甚宜其妻，父母不悦，出。

夫不悦，出；夫悦而父母不悦，出；夫与父母皆悦，不合于宗统宗庙的需要，也是一个出。这从汉儒所记的七出之条可以看得很清楚：

妇人七出：不顺父母，为其逆德也。无子，为其绝世也。淫，为其乱族也。妒，为其乱家也。有恶疾，为其不可与共粢盛也。口多言，为其离亲也。窃盗，为其反义也。——《大戴礼·本命》。

这其中，无子，恶疾，是宗统宗庙所不许的。淫，妒，是宗庙所不许的。口多言，是宗族所不喜的。窃盗是宗族的法例所不容的。不顺父母就是父母不悦罢了。

详细些说，婚姻之目的在于生子以继后世。无子，不独为不孝，[1]抑且婚姻的目的不达。目的不达的婚姻是应当解消的。宗法的观点如此，所以无子便可出妻，不论其夫别有方法生子与否，也不论无子之生理原因在夫抑在其妻。恶疾，据今人的考证，乃是指麻疯而言。[2] 妻患麻疯，不可以与夫奉粢盛于宗庙。婚姻的目的又在于承宗庙，所以结婚之日，妻随夫降自阼阶，其次日以盥馈之礼见舅姑，舅姑不在，以奠菜之礼庙见。她既患恶疾不能承奉宗庙，也算婚姻目的不达了。淫，有紊乱夫宗血统之虞。妻是要生嫡子以承宗庙的。“神不食非族。”倘若她一朝因淫而犯奸，那不独乱宗，抑且亡宗。宗统主义当然不许。妒，使贵族之夫的妾媵不能承夫，这是“乱家”的了。口多言，有人说妇女爱多言是天性。其实妇女也是与男子同样的天性。但是妇女的行为既受有绝大的限制，她既不能出闺阃走四方，又不能交朋友做政治，在极小的限制以内，她的眼耳只涉些“中馈”、“居室”、“盥洗”一些琐屑的事情，她的体魄只有发泄为言语。所以人们说妇女以多言为天性。在宗族

① 孟子：“不孝有三，无后为大。”《新月》杂志第三卷第二号潘光旦先生以为这一类的训条是含有科学真理，如为外国人文生物学家所听见，一定要跳起来了！

② 民国十九年，上海一部分医师出版之《医药杂志》某期，有人考证恶疾是指麻疯，颇有征引。惜该志不在手，难指期数。

同居乃至共财的生活之中，口多言有使人与人间多事的危险。这是要再受抑制的。违者止是一个“出！”窃盗，要知道“子妇无私货，无私畜，无私器；不敢私假，不敢私与”。[①] 她既没有私有权，当然也不能缔结债权契约。如果她私货私畜，私假私与，那便是窃盗。出！不顺父母，无须有客观的证明。父母不悦，只是妇女的不是。她在父母（舅姑）之前，应当——

> 有命之，应唯敬对，进退周旋慎齐，升降出入揖，不敢哕、噫、嚏、咳、欠伸、跛倚、睇视，不敢唾洟。

她应当——

> 下气怡声，问衣袄寒，疾痛苛痒而敬抑搔之；出入则或先或后而敬抑扶持之；进盥，少者奉槃，长者奉水，请沃盥，授巾；问所欲而敬进之，柔色以温之。[②]

“蒸梨不熟”，舅姑之前“叱狗”，都可以出。

以上所说，不能指其完全都是实际奉行的规律。违背这些规律的行为，满载于历史记录。即在《春秋》时代，由儒家所主张的宗法而加观察，“二百四十二年之中，弑君三十六”。烝母，夺媳，与姊

① 《礼·内则》。
② 同上。

妹奸，通嫂，娶同姓，娶嫂，①如此等类，一塌糊涂。以前诸节所说，亦复如此。

但是这些理论上的规律，流传为后世的法律规定这些规律，统制中国逾二千年。他们的精神与性质，因社会的转变而不无转变，大纲大目却遗留到今者颇不在少数。

① 娶嫂者如重耳娶惠公之妻嬴。娶同姓者如鲁公娶同姓，讳其姓而称为孟子。通嫂者如鲁哀姜通庆父。与姊妹奸者如齐襄公与文姜奸。夺媳者如卫宣公为子伋娶妻而自取之。烝母者如晋献公烝庶母齐姜。

第三章　大家族制之形成

一、农民氏族之分解

《春秋》时代以降，封建制度开始分解。贵族组织法之宗法，随世禄的消灭而转变为家长本位的家族制度。农民氏族组织之宗氏与分族，随庄园的分解而转变也趋向相同，分解为"八口之家"与"五口之家"的小农户。独立农户的兴起，把管辖农民的宗族统制，改变为"五家为比，五比为闾，四闾为族，五族为党，五党为州，五州为乡"，①这一类的编户制度。编户制度应用到新起的商业都市，更是适宜。商业都市的闾阎杂沓，是分解宗族制度最有力的动因。

这一系的变迁，都从对封建制度分解为起点。封建制度怎样分解呢？封建制度是因生产交换方法改变而分解的。生产交换方法的改变，又是由铁器的使用。在《春秋》以后，中国的农具和手工工具已经用铁制造，而兵器仍用铜。西汉初，贾谊著《过秦论》，说到秦始皇"收天下之兵，聚之咸阳，销锋铸鐻以为金人十二。"金人就是铜人，可见兵器乃是铜制。但在孟子时代(前 372 至 289 年)

---

① 《周礼》地官司徒。

农具已经是铁的。所以孟子问陈良的话，有“许子以釜甑爨，以铁耕乎？”可以看做战国末年法家的书之《管子·海王篇》说：

> 耜铁之重加七；三耜铁，一人之籍也。

又《轻重》乙篇说：

> 一农之事，必有一耜、一铫、一镰、一鎒、一椎、一铚，然后成为农。一车必有一斤、一锯、一釭、一钻、一凿、一銶、一轲，然后成为车。一女必有一刀、一锥、一箴、一銶，然后成为女。请以令断山木，鼓山铁，是可以无籍而用足。

这是说农具手工工具都是用铁。手工用铁器，则商品生产（即为贩卖而生产）的范围渐广。如齐的丝织麻织品是流行中国的。农具用铁器则耕耨深而苗植同耕地一定的面积上所需要的人工渐减，而生产量愈加。耕牛的使用更加把人工减少了。灌溉的使用更加把生产增加了。人工减少，则一家八口或五口足耕百亩。生产增加，则农产品的交换加多，而商业随之发达。①

在战国时代，以一家耕百亩的情形，常为学者所道及。孟子说道：

> 五亩之宅，树之以桑，五十者可以衣帛矣。鸡豚狗彘之畜，无失其时，七十者可以食肉矣。百亩之田，勿夺其时，数口

① 《中国历史丛书》拙著《西汉经济史》小册第一章末节已说过。

之家可以无饥矣。(孟子对梁惠王语)

他又说道:

五亩之宅,树之以桑,五十者可以衣帛矣。鸡豚狗彘之畜,无失其时,七十者可以食肉矣。百亩之田,勿夺其时,八口之家可以无饥矣。(孟子对齐宣王语)

他的理想制度也就是根据这种概算的。他说道:

方里而井,井九百亩:其中为公田;八家各私百亩,同养公田。(孟子对滕文公语)

《汉书·食货志》载魏李悝的计算,说道:

今一夫挟五口,治田百亩;亩,岁收一石半,为粟百五十石。除十一之税十五石,余百三十五石。食,人月一石半,五人终岁为粟九十石。余有四十五石。石三十,为钱千三百五十。除社闾尝新春秋之祠,用钱三百,余千五十。衣,人率用钱三百,五人终岁用千五百,不足四百五十。不幸,疾病死丧之费及上赋敛,又未与此。

这段记载是不是李悝的原意不可知,也许是汉代重农派学者传说下来的。所以其中所说情形,或许是以汉的实况为准。不过与孟子的话对照,也可见战国时代,一家五口到八口,耕田百亩,差可自给。

就田的生产量来说，假如《汉书》所记的数字差得不远，我们可从此知道百亩所生产的数量比今日百亩少到十倍。汉代以前亩的面积也许比今日小。怎样说呢？李悝说："食，人月一石半。"南宋的方回[①]已疑其升斗很小，在南宋时代，以"百合斗"论，"一餐人五合可也"。《汉书》所载，一人每日五升。以我所知今日一人每日一升左右，与南宋相差不远。又一亩，李悝说是年收一石半，又说"治田勤谨则亩益三升"。王楙疑"三升"是"三斗"之误。[②] 现在假令是"亩益三斗"，则最好的田和最勤的农夫，一亩每年可产一石八斗。西晋时代，嵇康《养生论》说："夫田种者一亩十斛"，即二石半。南宋吴中良田，一亩得三石。[③] 因亩的面积有极多的差异，现在每亩能产米多少，是难确定的。著者的故乡湖北黄冈，每亩良田产米约三石强。江苏与广东的上等田也相上下。[④] 总之，极粗的说：如汉以前的亩，面积与今同，则生产量比今日少到十倍。如生产量相同，则汉以前的每亩面积要比今日小到十倍。大概汉以前耕地生产量比今日小，乃是事实，不过十倍的差数不大可靠。

还有一个比较法。假定战国到汉，五口至八口耕田百亩是最

---

① 宋魏了翁：《古今考》，方回附考（见卷十九）。

② 《野客丛书》。

③ 《古今考》方回语。

④ 马扎亚尔：《中国农村经济研究》，陈代青、彭桂秋译本四九页引广东大学调查广东的耕地每亩生产量，以石计，如下：

上等地　4.4

中等地　2.2

下等地　1.8

金陵大学调查无锡耕田每亩可产四石，这大约以谷计。每石谷出米七斗至八斗，扣为米约三石强。

普通的现象。今日耕地面积与农户人口最普通的现象是怎样呢？今日中国农户，每家五人最为普通。[①] 而据北京农商部的统计（这是有争论的），[②]一亩至十亩的农户占农户及地主全体44.45%。那末，我们可以说今日是"一夫挟五口，治田十亩"。他们在最丰之年，可以保水平线下的生活，与李悝所说治田百亩之五口农户同感不足。由此可以很粗的推测，战国以后到汉的每亩生产力比现在小约十倍。

地方对农民所留的收获量，第一个标准是自己能够取得最大的地租，第二个标准是农民能够度过最低的生活。从战国到汉代，庄园分散为百亩以下的独立农场，以五口至八口之家耕种，是最普通的现象。从地主来看，这比保留多数的农奴共耕广大的耕地，要经济些。从生产方法来看，以犁耕比锄耕时代，耕地是必须分划为小长方形。加以灌溉方法，必把田亩细分。这种细分的町畦，便是所谓阡陌制。

阡陌制把农宗及农民分族解散为五口八口之家，这种运动起于农耕量先发达的秦。而亲手发动这个运动的乃是商鞅。他在公元前 359 年（秦孝公三年）前后：

> 令民为什伍。（《史记索隐》：刘氏曰：五家为保，十家相连也。）……民有二男以上不分异者倍其赋。……行之十年，秦民大悦。……居三年……秦自雍徙都（咸阳）。而令民父子兄

① 参看 J.L.Back, *Chinese Farm Economy*, pp.329—331.（1930 年上海商务印书馆出版）。

② 这统计后来引用者颇多，最显著的是武汉土地委员会，参看拙著《中国社会之史的分析》（上海新生命书局出版）四六页。

弟同室内息者为禁。而集小都乡邑聚为县，置令丞。凡三十一县。为田开阡陌封疆。①

《史记》商鞅传的记载如右。依这个记载，商君变法是先分解农宗，而后开阡陌。足见秦在这时，庄园已经分散，小农户已有分立的趋势。商君的阡陌令，不过是小农经济的助产婆，不过是阡陌画分的整一法。商君变法虽招贵族的反对（贵族当然反对，商君的法令是破坏他们的世禄的），然而阡陌的趋势，不可阻遏，自铁耕及灌溉法行，已酝酿这种趋势。所以秦以外各农业区，便没有商鞅去变法，也先后采行阡陌制。五口及八口独立农家已发生于梁、齐、魏等国。

二、商人地主家族之兴起

农民氏族在战国时代虽分解为家长家族制度，如上所述；贵族氏族在战国时代大约还是包容多数人口而存在。但是禄田既已解散，贵族便须消灭。清代秦蕙田《五礼通考》还能参透这个消息。他说：

古者有井田，有世禄。井田法行则人无兼并，世禄不绝则宗无削夺，有世禄者皆卿大夫也。《礼》："别子为祖。"别子者，本国公子、他国公子、庶人崛起，皆卿大夫也。卿大夫则有圭

① 《史记》卷六十八。

> 田以奉祭,有采地以赡族。盖其族受之于君,传之于祖,故大宗百世不迁。……若后世……一族之人,或父贵而子贱,或祖贱而孙贵,或嫡贱而庶贵。贵者可以为别子,贱者同于庶人,皆以人才质而定,非若古继别之大宗,一尊而不可易也。至于兼并势成,人皆自食其力,勤俭者致富,惰侈者困乏。即一家之中,有父富而子贫,兄贫而弟富,嫡贫而庶富,又以人之勤惰奢俭而分,非若继别之大宗,有世禄之可守。如是而责大宗之收族,其势必不能。

人之才质及勤惰奢俭,并不是贫富的差别的原因。贫富差别的原因乃在于庄园之分解及私有土地之成立与商人资本的发达。"兼并势成",尤在于商人资本的发达。怎样说呢?自庄园因生产力发达而分解为阡陌,于是从来的十一税(彻)分解为田赋与田租。田赋归于政府,田租归于地主。农民耕种所得,百分之五十归地主为田租。耕地既产生田租,则地主愿意收买耕地,增加田租的收入。于是耕地买卖制度便成立了。同时,耕地生产量因铁耕及灌溉而增加,于是独立农场耕作者之小农,以其生产物出卖于市场,以其所得价额购买耕具用品及肥料。小农民为购买而出卖。他方面手工业因铁器使用而发达,在相当限度以内,为出卖而生产。小农与手工业者的多数买卖行为,乃集中于商人之手。商人是为出卖而购买的。他依于出卖与购买而获得利润。他要得利润,必须贱买而贵卖,必须剥削生产者与消费者双方。最大的生产者与消费者是农民人口。农民独立与商人交易,其出卖农产物则价低,其购买使用品则价高。商人依此而蓄积商业利润。农民因此而感觉生计艰难。农民破产,则耕地归并于大地主及商人之手。这是"商人兼并农民，农民流亡”的实况。[1]

由此，于贵族崩溃之际，乡间与都市各有一种中间阶级出现：依土地买卖与地租而成立的地主，依商业资本蓄积而成立的商人。这中间阶级是破坏世禄的，是与世禄制度相对立的。这中间阶级是没有贵族身分的，是反对贵族统治的。他们当然与“别子为祖，继别为宗”的宗法无关。他们虽取父系，虽取父权，虽取父治，却没有氏族的组织。他们的亲属共同生活团体，不是父系、父权、父治的氏族，而父系、父权、父治的家族，抽象的宗法系统之下的家族制。自此以后，宗法已成为抽象的系统。宗子没有了，宗庙不复由宗子独占主祭权了。“人各亲其亲，人各子其子。”这种分散家族制，使儒者叹息大道之不行。“大道之行也，人不独亲其亲，不独子其子。”[2]大道之行也，才有“出入相友，守望相助，疾病相扶持”的井田制度。[3] 只可惜世异时移，世禄、圭田，终不可复。新起的中间阶级所取的乃是家长本位的家族制。

尤其是都市之中，鳞次栉比的家户，决不是在族制宗法范围之内的，苏秦说齐宣王曰：

> 临菑之中七万户。不下户三男子，三七二十一万。[4]

都市中每户的大小由此可知，最多也不过平均八人。这七万户以及其余各国“万家之邑”的户，包含商人、地主及游民。所谓游民，

---

① 《汉书·食货志》晁错语。

② 《礼记·礼运》。

③ 孟子对滕文公语。

④ 《史记》卷六十九《苏秦传》。

即手工业与农民受商人资本掠夺而破落的无产分子。游民聚居的城邑，最有名的是薛。

孟尝君招致天下任侠奸人入薛中，盖六万余家矣。[1]

回忆周初封建，是“分以殷民六族”或“怀姓九宗”。战国以后，封君食税便止以户计。在战国之时，已有万户侯的说法：

虞卿既以魏齐之故。不重万户侯卿相之印。[2]

这所谓万户，七万户，包含商人、地主与游民。在都市之中者，列为闾而住居，列为肆而贸易。关于闾，《汉书·食货志》颜师古注说：

闾，里门也。（秦发闾左之戍，）言居在里门之左者，一切发之。

肆或曰列同书颜师古注说：

列者，若今市中卖物行也。

这种市民，当然是“或父贵而子贱，或祖贱而孙贵，或嫡贱而庶贵”，“有父富而子贫，兄贫而弟富，嫡贫而庶富”了。

① 《史记》卷七十五《孟尝君传》。
② 《史记》卷七十六。

三、汉代的家

公元前221年（秦始皇帝二十六年），秦并六国。秦把封建制度之反映于政治构造的制度，如贵族分权统治，及封建制度遗留于法律上的痕迹，如耕地买卖的限制，以及六国所已开端而尚未整一的制度，如田赋，或加扫除，或加整一。秦的统一是对于封建制度的革命的事实。公元前209年（秦二世元年），一方面则土地兼并之下的贫农与游民无产者蜂起，他方面则贵族的残余反攻。秦的政权因此崩溃。贵族残余也被扫除。政治权力归于农民蜂起之中游民集团首领。

刘邦称帝（公元前202年）以后，以阡陌为基础的郡县制一仍秦旧。政府官吏制度一仍秦旧。田赋徭役制度一仍秦旧。地租及耕地卖买制度一仍秦旧。汉的改革，一不过减轻田赋，其初十分税一，其后三十税一。二不过瓜分田赋的封君阶级，把一大部分的郡县加以分割。封君所收夺的不是周代十一的田租，而是田赋，这一点是要注意的。《史记·货殖传》说：

> 封者食租税，岁率户二百。千户之君则二十万。

汉的赋税制度是每户为单位而纳税。封君每人分收千户或万户。他所分收的乃是所食户每户二百的税，不是田租。

封君所收既不是田租，所以封君不是周代封建领主那样的阶级。封君在所封郡县内可以占田。封外占田是有罚的。但占田仍须出田价。如萧何多买田宅以自亩，便是封君占田的一例。由此可见封君虽可以买田而为地主，但其本质却是收税的贵族，而不是收租的领主。

封君既与领主不同，所以领主宗族组织之宗法，不因封君阶级之存在而恢复。汉代社会通行的亲属制度，仍然是战国以来的家长本位家族制度。现在我们叙述汉代的家的观念。

家，在古代有夫妇的意义。如《诗》所谓“无室无家，猃狁之故”；及“宜尔室家，乐尔妻孥”。到了《易经》的解释，便有较广的意义。《易经》的卜辞有许多是古代传来，但其解释却是汉儒记下来的。所以我把解释中关于家的观念认为汉代对家的观念。《家人卦彖》曰：

> 家有严君焉，父母之谓也。父父、子子、兄兄、弟弟、夫夫、妇妇，而家道正。正家而天下定矣。

这里的家，明白指出是父子兄弟夫妇。这种观念表现于法令，非常明确。法令上的家族范围即便是父子兄弟夫妇。汉代法令，认家族的连带责任，不认宗的连带责任。在行政上，纳税及报税的责任在家长。例如占租律文：

> 诸当占租者，家长身各以其物占。占不以实，家长不身自书，皆罚金二斤，没入所不自占物及贾钱县官。①

① 《汉书·昭帝纪》注如淳引律。

刑事责任也只以家族为范围，如没收，乃以家为限。例如：

> 降敌者，诛其身，没其家。①

刑事连带责任止于家族，具体言之，即父母妻子同产。例如：

> 大逆不道，父母妻子同产无少长，皆弃市。②

代替受刑者，以家族为限。例如徙边之刑：

> 妻子自随父母同产欲相代者，恣听之。③

最可注意的，是夷三族，也止于家族的范围，并不以宗族为范围。程树德先生《九朝律考·汉律考》卷二“夷三族”按语说：

> 《史记·秦本纪》文公二十年，初有夷三族之罪。《杨终传》：“秦政酷烈，一人有罪，延及三族。”是夷三族本秦制也。解三族有二说：张晏注：“父母兄弟妻子也。”如淳曰：“父族母族妻族也。”考《刑法志》孝文元年，诏丞相大尉御史，“今犯法者已论，而使无罪之父母妻子同产坐之及收，朕甚勿取”。李陵传：“于是族陵家，母弟妻子皆伏诛。”据此，是三族者即父母妻子同产也。如淳说非。《仲尼燕居》三族注：“父子孙也。”

① 《史记·商君列传》注引律。
② 《汉书·景帝纪》注如淳引律。
③ 《后汉书·明帝纪》。以上四条均见程树德《九朝律考·汉律考》卷二。

《仪礼·士昏礼》注:"三族谓父昆弟,己昆弟,子昆弟。"郑说三族亦如此。后书肃宗纪元和元年诏曰:"一人犯罪,禁至三族。"贤注:"即三族也。谓父族母族妻族。"盖承如淳之谬。杜氏《汉律辑证》尝辨之。

由此可知汉代的家以父母妻子同产(即兄弟姊妹)为普通范围。这是氏族分解为家族的确证。

四、大地主的大家族

以上所述,前汉及后汉通常的家族是父母妻子同产的共同生活团体。家族所包容的人数是不多的。但是,私有土地因商业经济这地租蓄积而集中。大地主渐次出现。于是以大规模私有土地为依据,而有巨大家族的兴起。

土地兼并的现象在汉武帝时代(前140年至前87年)已极显著。这时候,"邑有人君之尊,里有公侯之富"。① 本来,一个千户侯每户年收二百,千户不过年收二十万。随便一个商人地主,只要有百万的资本,每年息亦二十万。② 到了宣帝以后,将近公元纪元之时,"豪富吏民,訾数巨万,而贫弱愈困"。③ 这种情形之下,大地主

---

① 《汉书·食货志》董仲舒语。

② 《史记·货殖传》的计算,每万钱年息二千,故百万年息二十万,这可见汉代利率是年息百分之十。

③ 《汉书·食货志》师丹语。

之大是不言可知的。例如刘秀的亲戚樊家,便是莫大的地主。①

王莽时代(公元后6年至22年),他实行公田政策,引起大地主的反抗。王莽既死,大地主刘秀及其集团以渔阳上谷的骑兵为主力,战胜农民无产军队,连合"聚众保营"的地主豪商,②建立了地主豪商的政权。自此(公元25年)以后,土地兼并更加紧进行。到了后汉末年(约公元196年以后):

> 豪人之室,连栋数百,膏田满野;奴婢千群,徒附万计,船车贾贩,周于四方;废居积贮,满于都城;琦赂宝货,巨室不能容;马牛羊豕,山谷不能受。③

反之,农民则"财空户散,下有离心"。④ 乃酝酿而成广大的蜂起。在这种情形之下,农民家族当然不能有异于前汉。反之,豪商地主的家族则有广大的人口包容力。于是有所谓"累世同居"的美风。这种美风是与土地集中同其起源与存在的。赵翼《陔余丛考》说:

> 世所传义门,以唐张公艺九世同居为最。然不自张氏始也。《后汉书》:樊重三世共财。缪彤兄弟四人皆同财业,及各娶妻,诸妇遂求分异,彤乃闭户自挝,诸弟及妇闻之悉谢之。蔡邕与叔父从弟同居,三世不分财,乡党高其义。又陶渊明《诫子书》云:颍川韩元长,汉末名士,八十而终。兄弟同居至于没齿。济北氾

① 《后汉书·樊重传》。

② 见拙著《革命论之基础知识》(新生命书局出版)"中国之革命"一章。

③ 《后汉书·仲长统传》。

④ 《后汉书》卷七十三。

幼春七世同财,家人无怨色。是此风起于汉末。

这时候,大族大姓,雄视乡里。北海有大姓公孙丹,河东有大姓马适匡等,"赵魏豪右往往屯聚",清河有大姓赵纲、阳球世为渔阳大姓。①

大地主豪强家族,挟持着土地与奴隶的资力,操纵候补官吏的选举。这种现象自后汉时代已经显著。到了魏代(公元 220 至 260 年),政府遂定九品中正之法,不啻以法令把选举权交给大族。自此后,家庭分为品第,于是有旧门、勋门、次门、后门、役门的分别。大族豪家由此把身分封锁起来。他们把自己的世系,订定家谱。遇有选举的事情,官厅必考查谱牒,先选大族豪家的子弟。《陔余丛考·谱学篇》说:

至魏九品中正法行,于是权归右姓。州大中正主簿,郡中正功曹,皆取著姓士族为之。有司选举,必稽谱牒。故官有世胄,谱有世官。于是贾氏王氏谱学出焉。

贾氏有贾弼最著,王氏以王僧孺最著。他们所以潜心谱学,是由于政治社会上大地主家族封锁身分,必寻谱牒,以屏后门。近来竟有人倒因为果,主张人才产生的基本原因乃是血统,最好的血统必须如魏晋那样士庶不婚,才可保持。他以为谱学有保持"优越血统"的功用,应当讲究。他不知道士族的成立并不是由于血统的优越。他不知道门第的光荣是基于耕地私有和佃农奴隶的血汗。②

---

① 均见《后汉书》卷一〇七。

② 参考《新生命月刊》(新生命书局合订本)第三卷第九号拙著《科学的复古与族望制度》。

甲第与后门寒素的阶级差别，既得到法令的保障。于是“士庶之间，实自天隔”的观念，为士族所努力保持。[①] 晋南迁后，门第的差别更严。士庶通婚，为清议及法令所禁止。北魏以异族侵入中国与中国的士族相结纳，士庶差别同样谨严。直到唐代（公元618年以后）——

关东魏齐旧姓，虽皆沦替，犹相矜而自为婚姻。[②]

即与他族通婚，则士族索聘财，而他族感荣耀。“山东人士，好自矜夸，虽复累弃陵迟，犹恃其旧地，女适他族必多求聘财。”[③]同时“关东人与崔卢（士族）为婚，犹自矜伐”。[④] 这与血统试问有什么关系。唐代的士族已渐沦落，但仍在众心所嫉之中，力自挣扎。柳玭诫子弟书可为挣扎于嫉恶之中的证凭。他说：

夫门第高者，可畏不可恃。可畏者，立身行己，一事有坠先训，则罪大于他人；虽生可以苟取名位，死何以见祖宗于地下？不可恃者，门高则自骄，族盛则人之所嫉；实艺懿行，人未必信，纤瑕微累，十手争指矣。[⑤]

五代以后（公元907年以后）士族便衰落不能规复旧地了。在此以

① 《宋书·王弘传》。
② 《旧唐书》卷八十二。
③ 《旧唐书》卷六十二。
④ 《旧唐书》卷六十一。
⑤ 《旧唐书》卷一六六。

前，士族的家族，依其“田园水碓”，佃客奴隶，养尊处优，穷奢极侈。他们的财产当然包容多数人口的了。家口之中，除家族外还包容奴隶衣食客等。但家族仍小于古代的小宗。如晋之石崇，水碓三十余区，苍头八百余人。但被害灭家，“母兄妻子无少长”也不过十五人。[①] 然而士族愈发达则人口愈多。他们常自称“百口”。例如王导因王敦反而入朝谢罪。值周凯将入。导呼凯曰：“伯仁！以百口累卿。”[②]

这是大地主的大家族制。他们仍与封建时代的贵族氏族不同，仍然是扩大的家长本位家族制。

五、良贱为婚之禁止

自战国时代，农奴分化为独立农民及佃农。他们以其所耕的小农场与集中多数买卖行为的商人相接触。他们纳租交税。他们借本付息。他们服役从戎。他们更受商人资本的剥削，卖贱买贵，以达于破产之境。他们卖子女以为奴隶。由此除俘虏及犯罪没收而成的官奴隶而外，更有卖买而成的私奴隶。

官奴隶起源很古。游牧部落的奴隶是公有的。后来仍有公有的奴隶。《风俗通》：

> 臧者，被臧罪没入为官奴婢。获者，逃亡获得为奴婢也。

① 《晋书》卷三十三。

② 《晋书》卷六十九。

《周礼》秋官司厉郑注：

今之奴婢，古之罪人也。

《魏志·毛玠传》：

今真奴婢，祖先有罪，虽历百世，犹有黥面供官。

唐《六曲》“尚书省刑部诸官”条：

凡反逆相坐，没其家为官奴婢。

这是官奴婢的记录之一例。由此可见官奴婢是犯罪没收，并且子孙世袭的身分。唐代于官奴婢之外，有官户。官户身分与官奴婢相同，但官奴婢是无间断服役的，官户则是更番服役。《六典》都官条注：“番户一年三番。”官户之外又有杂户。官户一年三番，“杂户二年五番”。凡官奴婢，“一免为番户，再免为杂户，三免为良人”。（唐《六典》）其次为工乐即隶属于少府太常的乐工。这种种“贱人”，官奴婢、番户、杂户、工乐，都是“当色为婚”。所谓当色为婚，是说各种身分只许在本身分以内自相通婚，不许各身分互婚。

此外有半自由民，为太常音声人，即在太常作乐者。“婚同百姓。”（《唐律》户婚）

私奴婢起于战国时代。《韩非子》载有贫农在荒年“嫁妻鬻子”的话。《汉书·贾谊传》：

今民卖僮者，为之绣衣丝履偏诸缘，内之闲中。

《王莽传》：

又置奴婢之市，与牛马同阑。

《周礼·地官·质人》条：

凡卖价者质剂焉，大市以质，小市以剂。（《郑》注：质剂者，为之券藏之也。大市，人民马牛之属，用长券；小市，兵器珍异之物，用短券。）

《隋书·食货志》：

晋自过江，凡货卖奴婢马牛田宅，有文券，率钱一万，输四百入官；无文券，亦百分收四，名为散占。历宋、齐、梁、陈如此。

《唐律疏议·杂律》上：

买奴隶马牛驼骡驴等，依令，并立市券，两和市卖。

这是历代奴婢买卖必用文契的记录。私奴婢不许与"良人"即自由民为婚。其次有部曲，即隶属于主人的半自由民。部曲可以与良人为婚。

自由人与奴婢番户杂户不得通婚。但两阶级的关系是如下的：自由人的男子得蹂躏婢女而收为妾，但奴隶的男子决不得娶良人之女子。关于自由人与婢的关系，《唐疏律议》卷十三：

诸以婢为妻者徒二年；以妾为客女为妻，以婢为妾者，徒一年半，各还正之。若婢有子及经放为良者，听为妾。

这是说，良家男子不得以婢为妻，亦不得以客女（即部曲阶级的女子）为妻，但蹂躏婢女而生子者，得以为妾。反之，奴绝对不得娶良家女为妻。《唐律疏议》卷十四：

诸与奴娶良人女为妻者，徒一年半，女家减一等，离之。其奴自娶者亦如之。主知情者杖一百。因而上籍为婢者，流三千里。即妄以奴婢为良人而与良人为夫妻者，徒二年，各还正之。诸杂户不得与良人为婚，违者杖一百。官户娶良人女者亦如之。良人娶官户女者加二等。即奴婢私嫁女与良人为妻妾者，准盗论。知情娶者与同罪。各还正之。

《疏议》举上列各规定的理由，说道：

妻者齐也，秦晋为匹。妾通买卖，等数相悬。婢乃贱流，本非俦类。（“以婢为妻”条）

人各有耦，色类须同。良贱既殊，何宜配合？（“奴娶良人为妻”条）

杂户配隶诸司，不与良人同类，止可当色相娶，不合与良

人为婚。（“杂户不得娶良人”条）

奴婢既同资财，即合由主处分。辄将其女私嫁与人，须计婢赃，准盗论罪。（“奴婢私嫁女”条）

这良贱为婚的禁令，理由是很简单的。奴隶只不过资财的一种，法律不承认他们有人格，当然不得与良人缔婚了。由上所述，我们知道唐以前，上至晋代，士庶的差别很严。自秦汉以来，良贱的悬隔也很远。士、庶、奴隶，是三个不同的身分。

六、唐代的家族与婚姻

良贱为婚的禁止，已如前述。这种禁令，到唐代益加显明。家族的范围，《唐律》也有确定的规定。《唐律疏议》贼盗律注

同籍期亲为一家。

《疏议》说：

同籍不限亲疏；期亲虽别籍亦是。

由此可见家族在法律上以同籍者为范围。至于期亲虽不同籍，也视为同籍。由此又可知期亲有不同家者，同家也不限于期亲。本来，除大地主以外，家的人口从六朝到唐，也不大于汉代。六朝之宋：

士大夫以下，父母在兄弟异计，十家而七矣。庶人父子殊产，亦八家而五矣。[1]

到唐代，“别籍异财”已定于律。所谓别籍异财者，《唐律·户婚上》：

诸祖父母父母在而子孙别籍异财者，徒三年。（别籍异财不相须）——《疏议》：别籍异财不相须，或籍别财同，或户同财异者各徒三年故云不相须。

由此可知当时有父母在而同籍分财者，也有同财异籍者。由此又可知当时实际上的家多止于夫妇及其子孙。法律也只要求祖父母父母在时子孙不分财异籍。

家族之中，包含奴隶，叫做家口。《唐律疏议》所谓“家人不限良贱”，则家口又叫家人。在户籍中，奴隶也要登记的。大英博物馆所藏司台因所搜集的唐大历四年沙州燉煌县悬泉乡宜禾里户籍，上记户主索思礼，母汜氏，妻汜，男游鸾，鸾妻张，鸾男齐岳，奴罗汉，奴富奴，奴安安，婢实子。[2] 这可见唐代普通家族也不过六人，连奴隶则十人以上不等。

至于婚姻及离婚制度，《唐律》已有明确的规定。婚姻预约如“受聘财”或“已报婚书及有私约（约谓先知夫身老幼疾残养庶之

① 《宋书·周朗传》。

② 《朝鲜支那文化之研究》（朝鲜京城帝国大学法文学会编）四三二至四三三页。王国维《观堂集林》有论及此户籍之文。

类)”,便不许再悔。但是男家有撤销婚约之特权。“男家自悔者不坐,不追聘财。”[①]这比近代,更重男子本位。

有妻更娶妻及以妾为妻,为律所不许。居父母夫丧,不得嫁娶。父母囚禁时亦同。[②] 同姓为婚,及同姓为婚,律所不许。外姻(女系亲)尊卑辈分不同者不许为婚。同宗祖免亲(六世亲)以上的妻,婚姻虽已解消,亦不许娶。[③] 这些男子本位的及绅士的宗法的诸障碍,《唐律》规定甚为烦琐。

强制离婚限于七出及义绝。七出之无子以妻年五十以上无子为限。“四十九以下无子,未合出之。”[④]义绝以列举的事项为限,即

> 殴妻之祖父母父母;及杀妻外祖父母伯叔父母兄弟姑姊妹;若夫妻祖父母外祖父母伯叔父母兄弟姑姊妹自相杀;及妻殴詈夫之祖父母父母;杀伤夫外祖父母伯叔父母兄弟姑姊妹;及与夫之缌麻以上亲,若妻母奸;及欲害夫者;虽会赦,皆为义绝。[⑤]

如有七出,而有三不去(谓一经持舅姑之丧,二娶时贱后时贵,三有所取无所归)者,不得离婚。但犯恶疾及奸者,不在此限。

妻无强制离婚权。“妻妾擅去者,徒二年。因而改嫁者加二等。”《疏议》说得很明白:

① 《唐律疏议》卷十三。
② 《唐律疏议》卷十三。
③ 《唐律疏议》卷十四。
④ 同上卷十四疏议。
⑤ 同上卷十四。

妇人从夫，无自专之道，虽见兄弟，送迎尚不踰阈。若有心乖唱和，意在分离，背夫擅行，有怀他志，妻妾合徒二年。因擅去而即改嫁者徒三年，故云加二等。室家之敬亦为难久；帷薄之内能无忿争。相嗔暂去，不同此罪。

强制离婚是说夫妻之一方以单方意思强制解消婚姻。依《唐律》，夫方有此权而妻方无此权。但合意离婚即“和离”，则为《唐律》所容许。[①]

① 《唐律疏议》卷十四。

第四章　大家族制之分解

一、土地买卖与农场分散

如前所述，宋末南宋初的记载，指出宋代耕地生产量较之汉初，增长到差不多十倍——自然亩的面积或许比汉代大些。

农业生产力增大是从唐代便已显著的。自三国时代以来，江南渐次开发。在此时以前，江南是"卑薄之域"；自此以后，肥沃的土地便开辟了。南朝五个王朝都是凭借这初垦而肥饶的土地以建立大地主政权。唐代以后，农具进步，水碓之普遍使用，便是农具改进的先声。由此而水力转动的翻车及筒车，渐次发明。① 灌溉及施肥的技术进步甚大。

耕地生产力增大，第一结果是农场的缩小。在唐代中叶（公元786年），袁商上疏有云：

> 有田不满五十亩者，均是贫人。②

---

① 王寅生：《中国农业经济问题》一五页，载《劳大论丛》（国立劳动大学出版）。

② 《旧唐书》卷一五三。

到了宋代,方回《续古今考》说

> 一农可耕今田三十亩。

由此可见农场分散的可惊了。

农业生产力增进,于是农场渐有商品生产的发达。自公元900年以后:“烟草已盛行。与棉及茶三者,都是植物上后起之秀。至于蚕桑在唐以前以河南为中心,至此时期则以江浙为中心。”①

农产加多而面积减少的农场,所生产的农产物又有些是商品,由此而田租加多。田租的分率仍然是百分之五十,与汉代同,不过数量加多罢了。《容斋续笔》(成于公元1192年)说:

> 董仲舒为武帝言:……或耕豪民之田,欠税十五。言下户贫民自无田而耕垦豪富家田,十分之中以五输本田主。今吾乡俗正如此,目为主客分云。

依方回《续古今考》,此主客分制颇为通行,其田主所得如下:

> 今民贫,耕主家田,佃户率中分,亩或一石,或八斗,或七斗五斗,或十二秤,大小谷麻粟豆不等。

田租收入多,则田的买卖自然频繁。商人及官僚的所得,自然多投入耕地购买。耕地买卖频繁,则大地主容易崩坏,而中小地主

① 王寅生:《中国农业经济问题》。

在社会上获得主力的地位。这是因为农场缩小，则中小地主易于存在。至于大地主，实际上不过是多数小农场的所有人，其所有的农场容易分散到中小地主之手。大地主容易崩坏的现象，在唐末已很显明。孙光宪《北梦琐言》说：

唐咸通中（公元860至873年），荆州有书生号“唐五经”者，常谓人曰：不肖子弟有三变：第一变为蝗虫，谓售庄而食也。第二变为蠹鱼，谓鬻书而食也。第三变为大虫，谓卖奴婢而食也。三食之辈，何代无之？①

然而大地主也容易成立。这是因为土地兼并容易实行。《续古今考》说：

予往在秀之魏塘王文政家，望吴侬之野，茅屋炊烟，无穷无极，皆佃户也。

这土地兼并仍然是商业剥削及财政收夺使然。所以一方面农民破产而为游民无产者，他方面豪商大贾，“鼎食钟鸣”。《续古今考》说：

又尝观市井之民，百工技艺，富商大贾，鲜衣美食，长子育孙，陶朱贩鬻，而致千金；汉之酒削鼎食，马医击钟，市民也。惟游手细民最苦，无能之民，乞丐满路，穷民也。

① 据《说库》石印小字本。

由此可知市民之富者，不独豪商，大手工业主，“百工技艺”，也很豪富。宋代大手工业雇佣贫民，是平常的事情。李元纲《厚德录》[1]说：

兖州有民家妇，其姑老且病，妇则佣织，以资之；所得佣直尽归其姑。（出范资《玉堂闲话》）

而集聚于都市的游民极多。陈随隐《随隐漫录》说：

钱唐游手数万。（下述流氓骗局各事甚详）

如上所述，宋代的社会状况，是都市里集中着豪商巨富及手工工人与游民无产者，乡村里到处是小农场，有中小地主、富农及佃户。这种状况继续发展，直到最近的时期。

二、士族崩溃与大家族制之终了

农场分散，于是农业支配归于中小地主。土地买卖频繁，于是大地主容易崩溃。其第一结果是士族的崩溃。士族崩溃，表现为门第式微及谱学衰落。郑樵《通志·氏族略》说：

自隋唐而上，官有簿状，家有谱系。官之选举必由于簿

① 《稗海》本。

状,家之婚姻必由于谱系。……此近古之制,以绳天下,使贵有常尊,贱有等威者也。……自五季以来,取士不问家世,婚姻不问阀阅。故其书散佚,其学不传。

其实,士族衰落,不由于谱学衰落。反之,谱学衰落乃由于士族衰落。士族衰落乃由于大土地私有之分散。现在竟有人想用谱学来封锁"优越的血统",使婚姻必问阀阅,这是倒因为果的谬论。士族崩溃的现象,顾亭林归咎于士族自身的堕落。他说:

搢绅之士,不知以礼饬躬,而声气及于宵人,诗字颁于舆皂;至于公卿上寿,宰执称儿。而神州陆沉,中原涂炭,有以致之矣。①

这是明朝万历年间(公元 1573 至 1619 年)的事情。其实,在耕地分散的时代,即令士族自身妄自矜持,不与皂隶庶人之起家贵官通婚,也不能够保持门第,使之不衰。抑且矜持门第,徒成笑柄。在五代以前:

李专美之远祖,本出姑臧大房,与清河小房崔氏、北祖第二房卢氏、昭国郑氏为四望族。皆不以才行相高,不以轩冕为贵,虽布衣徒步,视公卿蔑如也。男女婚嫁,不杂他姓,欲聘其族,厚赠金帛始许焉。唐太宗曾降诏以诫其弊风,终莫能改。其间有未达者,必曰:"崔卢李郑了,余复何求耶?"其达者则邈

① 《日知录》"流品"条。

在天表，夐若千里，人罕造其门。浮薄自大，皆此类也。①

这种浮夸，到底有什么用处？崔卢李郑四望族到何处去了？不与他姓通婚，有没有把四族的“优越血统”保存到如今？总之，士族已随大土地私有的事实过去了。

土地分散的第二结果是宗族分散。宗法崩解，已开始于战国。东汉至唐，再见族居的繁盛。五代以后，族居的现象也分解了。顾亭林说：

《杜氏通典》言：北齐之代、瀛、冀诸刘，清河张、宋，并州王氏，濮阳侯族，诸如此辈，将近万室。《北史·薛允传》：为河北太守，有韩、马两姓各二千余家。今日（明末清初）中原北方，虽号甲族，无有至千丁者；户口之寡，与江南相去夐绝。②

但是：“北人重同姓，多通谱系。南人则有比邻而各自为族者。”③足见南方人口虽密，皆由于商业都市的发达，其中集聚的人口，是比邻不相知的。

大地主家族既经崩坏，则一般的家族当然没有多少人口包容在内。一个家族，大抵只是祖父母父母及其子孙。并且祖父母父母在而子孙别籍或异财，成了有力的倾向。这倾向不是法令所能制止的。反之，法令却不得不当前让步。《大清律·户律》：

---

① 《旧五代史》卷九十三。
② 《日知录》“北方门族”条。
③ 《日知录》“通谱”条。

祖父母父母在，子孙别立户籍，分异财产者，杖八十。

这是与《唐律》相同，禁止子孙于祖父母父母在时别籍异财的。但《唐律·户婚》：

若祖父母父母令别籍，及以子孙妄继人后者，徒二年。子孙不坐。

《疏议》说："但云别籍，不云令其异财。令异财者，明其无罪。"足见唐代以后，祖父母父母在时，子孙可以分财，但不得别籍而已。这到《清律》更鲜明了。《大清律·户律》"别籍异财"条有例说：

祖父母父母在者，子孙不得分财异居。其父母许令分析者听。

这是说，法律不独许子孙于祖父母父母在时分财，并许他们异居，惟一条件是得到祖父母父母的许可。大家族制度的分解，依此更觉显明了。

还有一点，指示中国家族，自唐代以后，实质上不过夫妇及其子孙的共同生活团体。这就是法令对于家长，在家内关系上不称家长，只叫做"祖父母父母"。在《大清律》上虽有少数处所有"尊长"的规定，而家长只称祖父母父母。并且，祖父母父母对于家属，虽有绝对的统辖及处理财产之权；尊长对于家属，尤其是家产，却必须公平处分。《大清律·户律》卑幼私擅用财条律，一方面禁止卑幼不由尊长而私擅用财，他方面却规定：

同居尊长应分财物不公平者，罪亦如之。(《辑注》:家政统于尊长，家财则系公物；故尊长不公平，与卑幼私擅用财之罪相同也。)

这种法律规定，显示我们说：家，在法律上以夫妇及其子孙为最小范围。倘有伯叔兄弟同居，则家长的地位必遵守法律的限制。并且祖父母父母一死，则子孙即时可以分家。不独如此，即祖父母父母未死以前，子孙虽不许别籍，仍可以分财异居。大家族的分解是已成的趋势了。

三、宗法观念之弛放

家族制度虽逐渐分解，但以组织成分而论，大抵还是父系亲属。家的财产权仍然父子相承。家的事务仍然父子相承。家的事务仍然归于家长。一般的说，亲属制度仍然是父系父权父治。抽象的宗法系统，因此仍得以存在。

唐宋以来，抽象的宗法，也不是没有变迁。先就丧服来说：第一，宗子之服早已没有了。第二，父母对长子之服，明《孝慈录》改为齐衰一年，盖“后世士大夫无世禄之义，则其为子服，皆众子而已”。[①] 第三母服，唐上元元年(公元674年)，武后请父在为母终三年服，诏依行。明《孝慈录》更改齐衰为斩衰。父尊母屈的一尊

① 吴嘉宾《丧服会通说》。

主义显然衰落了。第四，唐魏徵请设兄弟之妻的丧服，于是“名服”的法则衰落。第五，魏徵又请加舅服缌麻为小功。儒者驳他以为“内外乖叙，亲疏夺伦”。[1] 第六，妻为舅姑本从夫降一等，后唐长兴中(公元930至933年)改齐衰三年，明《孝慈录》改斩衰三年。儒者批评说：“妇女无二斩，不能二天也。今使为舅姑与夫同服，不可之甚也。”[2]其实这不过是宗法观念稀薄的表现，没有什么可不可的问题。

次以婚姻制度来说，第一，因姓氏之混乱——这又是由于宗法的分解——同姓不婚的禁律渐趋宽大。《大清律·户律》同姓不婚条增注：

> 同姓者重在同宗。如非同宗，当援情定罪，不必拘泥律文。

便是规定同姓不宗之男女通婚可以通融定罪的。

第二是婚礼渐趋简易。宋《朱子家礼》改六礼为三礼。他归并纳采、问名为采择之礼，归并纳征、纳吉为卜吉纳币之礼，归并请期于纳币之中。采择纳币与亲迎共只三个仪节。此后明清诸律都从《家礼》的规定。最重要的是成妻与成妇不复分别，成妻、成妇皆在成婚之时。这都是宗法观念渐衰的表现。

第三是妇女贞操观念之加重。在宗法，妇女只须不因淫而乱宗统，贞操观念本不重视。离婚或夫死再嫁，颇为自由。自宋以

---

① 杨仲昌议。

② 吴嘉宾前揭文。

后，商品经济之发达，把妇女变为丈夫独占的商品。离婚再嫁，受尽社会的制裁。程夫子所谓"饥死事小，失节事大"比之于"文姬归汉"，直若天渊。

再次，异姓为后的禁律，社会渐不能遵守。宋朱熹《朱子全集》："立异姓为后，此固今人之失，今亦难追正。"又《元典章》说："南方之士民，无子者多养他姓为义男。"这种习惯，虽在法律厉禁之下，仍然盛行，达到"难以追正"的程度。①

① 《支那之家族制度》(《满铁调查资料》第七十三 编)二〇四页。

第五章　家族制度之没落

一、外国资本与中国社会的变化

当十九世纪之中，欧洲中部西部各国，以英国为急先锋，次第完成工业革命。在此以前，中国与欧洲各国早已有商业交通。不过在此以前，中外的商业接触，是外来的商业资本与中国农业市场的接触，也就是欧洲商业资本与中国商业资本的竞争。欧洲商业资本主义威势渐盛之时，中国商业地主政府便饷以闭关主义，为本国商业资本封锁市场。自欧洲各国及美国先后完成工业革命，则欧美工业国对中国之关系一变。他们对中国，一则是工业商品对农业市场的关系，二则是工业资本对商业资本的关系。工业资本当然不容中国商人资本封锁农业市场，于是有鸦片战争（公元1841年）。在此战争中，以武器迫中国商人地主开放农业市场的，恰就是以工业资本打破欧洲旧来商业国荷兰及葡萄牙的英国。

外国工业制造品，以其廉价与中国手工业品相竞争。于是一则手工业品战败于机器工业品之前，二则贩卖手工业品的商人向于洋货外商及买办阶级而让位。但是，手工业及贩卖手工业品的商人，以及征收农产品的地主与生产农产品的农民，决不甘心俯首于机器制品的克服。于是在政府有英法联军之役、中法谅山之役、中日甲午之役、在农民与手工工人则有太平天国之役、庚子之役。在工业资本主义侵略时期，中国统治及被治阶级都有敌忾之心。

1900年以后，欧美工业资本主义已转变为金融资本主义。欧美先进国已由商品输出转变为资本输出。欧美资本主义对中国的政策由此一变，而中国商人地主对外国的政策也由此一变。欧美资本主义以门户开放政策代替政治侵略政策，以其剩余资本输入中国来寻求利润。中国的地主本与商人资本沆瀣相投，而商人资本乃与外国金融资本相结纳以扩大他对农业市场的支配力。于是中国统治者由反抗侵略的态度转变为投降媚外的态度。①

外国资本之侵入中国经济构造，自1900年以后而加深加透，由于上述，可以明知。所以中国所受外国资本的影响，须分两个阶段而加观察。1900年前为一阶段。1900年以后为一阶段。中国的婚姻与家族制度及观念的激变，大抵可以说是1900年左右以后的事实。

二、农村贫困与农民家族的缩小

金融商业资本的发达，及工业资本的进展，其结果之一是农村疲敝。

我们看见近来农民离村的现象是很可惊的。据田中忠夫所搜

① 《东方杂志》第二十八卷第一号拙著《中国经济及其复兴问题》一文，曾有详说，可以参看。

集的调查材料，农民离村的百分率如左。[①]

地名	全人口(人)	离村数(人)	离村率
江苏仪征	2,084	30	1.44
江苏江阴	3,414	80	2.34
江苏吴江	1,372	67	4.88
安徽宿县	3,478	105	3.02
山东沾化	5,857	513	8.70
直隶遵化	9,085	241	2.65
直隶唐县	6,177	281	4.55
直隶邯郸	4,236	77	1.82
直隶盐山	803	70	8.72
浙江萧山	10,355	795	7.58

这个表没有多深的意义。其中调查的村数，调查的时日，都不一样。但是这表仍可以指示中国农村里农民离村的事实是普遍的。并且有些地方，离村率有增加的倾向。据博克氏之调查，盐山县农民离村率，1922 年为百分之 6.1；1923 年为百分之 12.1。[②]

我们又看见耕所有面积之小。据日本东亚同文会的估计，[③]十亩未满的农户占全耕地的百分之四二强。其表如左：

① 《社会月刊》（上海市社会局编）一卷六号。田中忠夫：《中国农民的离村问题》译文。

② J.L.Buck, *Chinese Farm Economy*, p.349.

③ 拙著《中国社会之史的分析》四七页。

所有面积	共占全耕地百分之几
十亩未满的	42.3
十亩以上的	26.6
三十亩以上的	15.8
五十亩以上的	9.7
百亩以上的	6.6

这个统计，指示耕所有面积在十亩以下者之多。但这个估计并不十分精确。若据 1917 年调查的广东农民阶级分化的调查，则如左记：①

耕地面积	户口数	百分比
十亩以下	2,083,252	52.0
十亩以上	962,107	24.5
三十亩以上	533,221	14.1
五十亩以上	243,040	6.2
百亩以上	83,587	2.2
共　计	3,926,207	100.0

这指示广东小耕地所有者，所有耕地占全省耕地二分之一强。倘使这还不十分精确，则博克氏之调查为可据。博克氏调查12,866农场之结果，举农场面积的实况如左：②

① 马扎亚尔《中国农村经济研究》第一章十一页。

② J.L.Buck, *Chinese Farm Economy*, p.102.

省县(曾加调查者)	广狭等级(单位:亩)					农场数				
	小	中小	中	中大	大	小	中小	中	中大	大
中国北部										
安徽										
怀远	0—19.9	20—39.9	40—59.9	60—79.9	80 以上	37	29	10	22	20
滁	0—25.0	……	26—70.0	……	70 以上	105	…	88	…	93
直隶										
平乡	0—10.0	……	11—20.0	……	21 以上	48	…	50	…	54
盐山(1922)	0—10.0	11—20.0	……	21—30.0	31 以上	33	48	…	34	35
盐山(1923)	0—25.0	……	26—50.0	……	51 以上	45	…	45	…	43
河南										
新乡	0—24.9	25—49.9	……	50—74.9	75 以上	39	56	…	29	20
开封	0—24.9	25—49.9	……	50—74.9	75 以上	24	53	…	35	37
山西										
武乡	0—10.0	11—20.0	21—30.0	31—40.0	41 以上	35	79	53	36	48
五台	0—60.2	61—140.0	141—170.0	171—200.0	201 以上	42	67	40	40	37
共　计						408	332	292	196	387

（续表）

省县（曾加调查者）	广狭等级（单位：亩）					农场数				
	小	中小	中	中大	大	小	中小	中	中大	大
中国中东部										
安徽										
莱安（1921）	0—50.0	51—70.0	……	71—90	91 以上	22	28	…	24	27
莱安（1922）	0—30.0	……	31—50.0	……	51 以上	31	…	39	…	30
芜湖	0—10.0	11—20.0	……	21—30.0	31 以上	14	51	…	17	20
浙江										
靖海	0—14.0	……	15—20.0	……	21 以上	23	…	23	…	21
福建										
连江	0—10.0	……	11—20.0	……	21 以上	56	…	55	…	50
江苏										
江宁（S）	0—15.0	16—25.0	……	26—35.0	36 以上	42	54	…	49	58
江宁（T）	0—19.0	20—29.9	30—39.9	40—49.9	50 以上	34	45	53	43	42
武靖	0—9.0	10—19.9	20—29.9	30—39.9	40 以上	89	94	68	31	18
共　计						311	272	238	164	266
综　计						719	604	530	360	653

由上表可知，就各地平均计算，小农场占全数约四分之一而强。小农场及中小农场合计，约居全数二分之一而弱。

但是我们要知道的：大地主乃是多数小农场的所有人。一个大地主的耕地常分归多数佃农耕种。

一个农家，所有的耕地面积既通常都不大，所耕的耕地面积更以极小为普通。所以一家的人口以三人至六人为最多。依博克氏之调查，七省之中，16 地，2,640 农家之人口包容数，总数如左：①

人数	1	2	3	4	5	6	7	8	9	10	11	12	13	14	15
家数	57	151	304	449	538	382	246	184	95	82	49	31	22	18	6

人数	16	17	18	19	20	21	22	23	24	25	26	27	28	29
家数	11	4	3	…	…	2	1	…	1	1	…	1	1	1

由此可见中国的农家最平常的人口数是三人至六人，就中又以五人的最多。所以本书前面曾说：汉以前到战国通常的是八口或五口百亩，现在却是五口十亩，甚至五口五亩为普通。五口之中，当然不过一夫妇及子女或子妇。由此知中国的农家通常只是家长的小规模的家族制。

三、都市中家族制之崩溃

农村家族虽所包容的不过夫妇及其子女或子妇，仍不失为家

① J.L.Buck, *Chinese Farm Economy*, p.328.

长本位的家族制。都市家族则不然。都市中家长本位家族制度却趋于崩解。

中国社会经济的特质是金融商业资本的结合。工业资本虽有相当的发达,在1900年以后,也低首于金融资本之下。在这种特质之下,商业与金融资本有优越于工业资本之势。所以中国的都市,有纯粹的商业都市,有工业都市,有金融资本及工业资本相并存的都市。纯粹商业都市带有农村的保守的性质。家长家族制度于此尚保持其权威,迄于最近始开始动摇。工业及金融资本都市则家族制度迅速趋于崩溃。

自十九世纪中年以后,外国大工业商品挟其在欧美所产生的思想以俱来。这商品刺激中国的生产技术,中国大工业由此勃兴。这思想刺激中国的社会意识,中国的平等自由的思想由此展开于工业及金融资本都市市民小市民阶级。家族制度及男尊女卑的观念,受了迎头的打击。最切于旧家族及旧婚姻之攻击者,在前有1903年之《女界钟》,在后有1916年之《新青年》。其余刊物著书不遑枚举。①

1900年左右,是金融资本猛烈进口的起点。欧美帝国主义从此不独注意于商品之进口,更致力于生产及交通之投资。如矿坑借款,铁路借款,实业借款,及外国工厂之设立,都是1895年至1900年以后的事实。在政治方面,更有政府所受历次战役的失败,及民众所受历次运动之打击。最显著的,在前者之中,为甲午之战;在后者之中,为庚子之役。甲午之战使工业资本初兴的小国日本一跃跻于列强。庚子之役使资产阶级与农民共起的民族意识波

① 均据陈东原:《中国妇女生活史》三二八页以下。

动于全国。在这种情形之下,中国的资产阶级感觉有奋迅于工业的振兴以与外国资本主义合流的必要与可能。中国的知识分子于商人资本与地主群相反对之中,乃揭出平等自由的旗帜,以标榜这种合流的意识。《女界钟》就是旗帜的一面。其中最警策的一段是:①

中国女子习闻三从七出之谚,兢业自持,跬步不敢放纵。生平束身圭璧,别无希望。惟此却扇之夕,如登科及第,三跪九叩,望阙谢恩,以为供职录用,生平之大事毕矣。而为男子者,桑弧蓬矢,天地四方;曩者仗剑出门,曾无内顾之虑;今兹缠绵床第,歌泣帷房,消耗国是之心,摧挫风云之气。吾读闺中少妇之诗,未尝不掩卷而三叹息也。虽然,此其优者耳。至于劣者,贫贱起交谪,妇姑生豁勃。更其卑者,不为鲽鹣容,而作牛马走。凡此种种夫妇之恶现象劣根性,吾口不忍言而笔不忍述也。

这是指摘妇女不能独立的恶劣现象的。女子一生的大事,只是婚姻之一事。"得意一人,是谓永毕。失意一人,是谓永讫。"所以《女界钟》主张有与男子同样的营业财产交际婚姻之自由。

平等自由的鼓吹,结晶为辛亥革命。辛亥革命的意义便是资产阶级求与外国资本主义合流。此后数年,有欧洲的大战。大战时期,中国工业突然进展。由此而一方则工业资本主义的要求,加广加强。他方则劳动工人运动的气焰,也加广加强。1916年的《新青年》揭出独立自主的人格之要求,显然是前者的表现。"五四"以

① 陈东原:《中国妇女生活史》三二九页引原书七页。

后，才向后者而转变。1916年的《新青年》说道：

> 儒者三纲之说，为一切道德政治之大原。君为臣纲，则民于君为附属品而无独立之人格矣。父为子纲，则子于父为附属品而无独立之人格矣。夫为妻纲，则妻于夫为附属品而无独立之人格矣。率天下之男女，为臣为子为妇而不见一独立自主之人者，三纲之说为之也。——自负为一九一六年之男女青年，其各奋斗以脱离此附属品之地位，以恢复独立自主之人格！①

这独立自主人格的要求，到了“五四”以后，更加急剧的普遍于社会。

1925年之革命，是带有社会革命性的民族革命。因其有社会革命性，妇女运动只被认为劳动运动的一面。所以这时期，虽有妇女运动的存在，虽有妇女解放的政纲，妇女运动却没有引起单独的特殊的注意。在1925年至1927年的时期，妇女解放在理论上是要看做劳动者农民解放的一面而后可以了解的。男女平权不成问题，问题是在“权”的私有性的限制与消灭。

劳动者农民的解放没有依国民革命而实现。近二三年来，妇女与男子平权，却有几分实现了。但法律上虽大体规定男女平权，实际上，“几分实现”却止于都市的中间阶级。

---

① 一卷五号第一篇。

四、婚姻与家族的法律现状

以都市中间阶级所能利用的法律规定而论，宗法的遗迹差不多一扫而将空。在法律上，家制已由家长本位改从共同生活本位。换句话说，家制已从宗法主义转变为《瑞士民法》式的共同生活主义。家长由家属推定之；无推定时始由一家中最尊长者为之。[①] 成年家属得自由脱离其家。[②] 家长的职能，在法律上取义务本位。[③]

家以外，亲属制度也改变宗法的抽象系统。亲属分为血亲与姻亲。[④]

但婚姻制度之中，还有不少的宗法遗迹的支配。旁系血亲在八亲等[⑤]以内者，除表兄弟姊妹外，概不得通婚。[⑥] 这种规定是因为要牵就宗亲“百世不婚”的旧习，而把母党及女系亲的婚姻限制扩大。法定财产制，把夫权扩大到妻的原有财产之使用收益。[⑦] 离婚制度，不定客观相对原因（即夫妻双方即令无过失，如果婚姻陷于不能继续的状态者，亦可离婚。此种离婚原因叫做客观相对原因），还不及过去以“义绝”为客观相对原因时之自由。[⑧]

---

① 《民法》第一一二四条

② 《民法》第一一二七条。

③ 《民法》第一一二六条。

④ 《民法》第九六七条、九六九条。

⑤ 罗马法计算法，《民法》第九六八条。

⑥ 《民法》第九八三条。

⑦ 《民法》第一〇一九条。

⑧ 义绝之解释，看拙著《亲属法大纲》二五二页至三六一页。

这是婚姻与家族的法律现状。其中最重要的改革，是父母死后，女子与男女有平等的财产继承权。[①]

① 《女子继承权施行细则》。

陶希圣先生学术年表*

1899 年(清光绪二十五年)

阴历九月,出生于湖北黄冈(今黄州市),名汇曾,字希圣,为次子。

1904 年(光绪三十年)

湖北黄梅之汤贯予寄居陶宅,教读《三才略》。

1905 年(光绪三十一年)

随家回开封,始读《诗经》和四书,由父亲教读,并习字。

1908 年(光绪三十四年)

随长兄述曾入旅汴中学,学习科目是算学、英文、历史、地理。

1913 年

夏,休学,受其父教读唐宋诸家诗文集,学作散文和诗。

1915 年

入北京大学预科为旁听生。秋,编入预科文科一年级,受教于沈尹默等先生。

1916 年

秋,升入北京大学预科之文科二年级。

---

* 本年表由白中林撰写。

1921 年

参加修订法律馆的有奖征文，获第一名。文章后发表在沈家本、江庸诸人发起之《法学会杂志》。

1922 年

夏，自北京大学法科法律系毕业。往安庆的安徽法政专门学校任教。

1924 年

7 月，赴上海商务印书馆编译所，就职于法制经济部，任编辑。

1925 年

开始在《东方杂志》等杂志发文。应何公敢等人邀请主编《独立评论》。

1926 年

工作之余编写《中国司法制度》，由商务印书馆出版。

1 月，周一夜晚去东吴大学讲授政治学；认识吴经熊、徐志摩。

9 至 12 月，带病在上海法政专门学校讲授亲属法，并编《亲属法大纲》。

1927 年

年初，辞去商务印书馆编译所之职，至武汉就任军事政治学校武汉分校中校政治教官。同时在武汉大学任政治法律教授，讲授“社会科学概论”、“各国革命史”、“无产阶级政党史”、“帝国主义侵华史”等课程。

1929 年

主办新生命书局，总局设在上海，分局设在南京与北平。

在复旦大学中文系与新闻学系连续两年讲授“中国文化史”；此外，还在劳动大学、暨南大学、中国公学及上海法学院兼课。

在新生命书局出版《中国社会之史的分析》、《法律学之基础知识》、《革命论之基础知识》、《中国社会与中国革命》,在南强书局出版《中国封建社会史》;翻译《国家论》、《马克思经济学说的发展》、《各国经济史》等书。

1930 年

推辞"中国国民党海内外各省市党务改组同志会"的邀请,应王云五之邀,任商务印书馆总经理中文秘书,英文秘书为潘光旦之弟潘光迥。

年底,受聘于南京中央大学校长朱家骅任法学院教授。

编《中国问题之回顾与展望》,由新生命书局出版。

1931 年

秋,接北京大学法学院院长周炳琳先生函,受邀就任北大教授,朱家骅冒雨挽留未果。

在新生命书局出版《中国社会现象拾零》,在商务印书馆出版《辩士与游侠》、《西汉经济史》,翻译有《法律进化论》、《古代法》。

1932 年

继续在北大任教,讲授"中国社会史"与"中国政治思想史"。同时在师大和北平大学讲授相同课程。

在新生命书局陆续出版四卷本《中国政治思想史》。

1933 年

著有《民法亲属论》,由商务印书馆出版。

1934 年

3 月 11 日,在《独立评论》第 91 号发表《无为还是有为》,回应胡适无为政治之主张。

11 月 14 日,在《北平晨报·社会研究周刊》发布《〈食货〉半月刊宣言》，阐述《食货》半月刊发刊缘起、旨趣与办法，并成立无形的“食货学会”。12月1日，《食货》半月刊正式发行。

著有《婚姻与家族》，由商务印书馆出版。

1935年

1月20日，在《独立评论》第130号发表《民主与独裁的争论》。为此，胡适在2月17日的《大公报》发表《从民主与独裁的讨论里求得一个共同的政治信仰》一文回应。

1936年

秋季开学，代理北京大学法学院政治系主任，增设“中国地方政府”一课，并筹划中国地方行政，即“吏治”课程。

着手撰述《中国经济史》一书。

与沈巨尘合著《秦汉政治制度》，由商务印书馆出版，该书启发和引导了严耕望最初的学术研究。

译泷川幸辰《刑法读本》，由新生命书局出版。

1937年

与武仙卿合著《南北朝经济史》，由商务印书馆出版。主编《唐代寺院经济史料》（中国经济史料丛编——唐代篇，三册），由国立北京大学出版部出版。

1938年

与沈任远合著《中国民族战史》，由重庆青年书店出版。以艺文研究会名义陆续或编或著《欧洲均势与太平洋问题》、《抗战建国纲领研究 政治篇》、《抗战建国纲领研究 民众运动篇》、《抗战建国纲领研究 教育篇》等书。

1942年

著有《论道集：古代儒家》，由重庆南方印书馆出版；与杜衡合编《现代海军略论》、《美日海军比较》。

1943 年

著有《论道集:宋明实用主义者》,由重庆南方印书馆出版。

1944 年

著有《中国社会史(古代篇)》,由重庆文风书局出版。

1946 年

5 月,任国民党中宣部副部长。

11 月,当选为制宪国民大会代表。

1954 年

译有《拿破仑兵法语录》、《孙子兵法(中英对照)》、《克劳塞维茨战争原理》,由台北全民出版社出版。

1956 年

任"中央日报社"董事长。

1957 年

著有《作文的方法——陆士衡〈文赋〉解说》,由台北全民出版社出版。

1959 年

开始连续 21 年为《法令月刊》撰写名为《夏虫语冰录》的"法务漫话",共二千多条。

1964 年

著有《潮流与点滴》,由台北传记文学出版社出版。

1967 年

与沈任远合著《明清政治制度》,由台湾商务印书馆出版。

1971 年

与其四公子陶晋生筹办《食货》在台北复刊,改为月刊发行。

至1988年7月停刊，共发行十七卷，均由食货出版社出版。

1972年

著有《清代州县衙门刑事审判制》，由台北食货出版社出版。

1978年

著有《中美关系与中国前途》，由台北食货出版社出版。

著有《历史的使命时代的要求》，由中国大陆研究出版社出版。

1979年

著有《中国法制之社会史考察——汉律系统的源流》，由台北食货出版社出版。

1980年

著有《夏虫语冰录》，由法令月刊社出版。

1985年

著有《中国之分裂与统一》，由台北食货出版社出版。

1988年

6月27日晨2时30分，病逝于台北市忠孝东路中心诊所医院，享年九十岁。台北各大媒体竞相报导，《联合报》大字标题：陶希圣注入历史洪流……

众多悼念挽联中，有两幅表彰其在中国社会史研究的贡献与特色，令人印象深刻。一是杜正胜所撰“礼律研社会，布衣足为天下法；食货解经济，风气新开百代师”，一是屠忠谋、屠义方所撰“以殷周文化异同，探索天人思想背景，启迪复兴机运；从社会经济史实，领导学术研习方向，堪称一代宗师。”

逝世两年后，原《食货》月刊主要参与知识群体，创办《新史学》杂志，继承《食货》精神，持续至今。

寻找思想史上的陶希圣*

白中林

如何评价陶希圣，是现代中国思想史研究中一个重要而棘手的问题。虽然陶希圣在政治上有过追随汪兆铭的经历，但他又是“小西安事变（高陶事件）”的发起人，打消了中国抗日战线内部对日求和的念头；在思想界既有被称为“陶希圣时代”的学术评价，也有被斥为投机分子的蔑称。① 本文无意于在政治层面对陶希圣做过多讨论，唯欲就陶希圣在20世纪上半叶学术思想上的建树进行初步探讨，尤其是就他在社会史和亲属法研究中所呈现的问题展开论述。然而，在思想领域内，陶希圣同样难以琢磨：他既参与发起了社会史论战，又存在多变的立场；既主张亲属法变革对旧法的全盘摧毁，又主张建设中国本位的文化。故此，我们需要在通观陶希圣一生历程的基础上，再聚焦于其早期思想世界的完成，方能明晰陶希圣社会史研究中所托命的问题。

---

* 本文在写作过程中，曾在文献收集方面得到陶晋生院士的指点、吴飞老师的资助，在此一并表示感谢。

① 前者为日本学者的评价，后者主要是共和国成立初期大陆学界的评价。

一、生前身后

前清光绪二十五年（1899）九月，陶希圣出生于湖北黄冈一个累世耕读之农家，陶父出仕即以经世之学为主，故对陶希圣的教育亦主经世之学。在陶父的经世经验中，中国政治一向以儒法兼用，所以对陶希圣的期望即是史学和法学兼治，陶希圣后来问学的大体方向亦与此相符。

1914 年，陶希圣随其父进京，经预科而入北大法科。大学毕业后，陶希圣即赴安徽任教，以亲属法为主。两年后，辞去教职，辗转去上海入商务印书馆为法制经济部编辑。“五卅事件”发生后，陶希圣撰文分析英国巡捕房责任，而卷入公共事件。1926 年，陶希圣初步发表其关于中国社会组织及其演变的观点。在 1928 年前后，陶希圣先后参与了两次思想争论：一是亲属法变革之争，一是“第一次”社会史论战。[①] 1931 年陶希圣辞去商务印书馆职务，先后在中央大学法学院、北大法学院、师范大学史学系、燕京大学社会学系、清华大学政治系、朝阳大学法律系轮流兼课。出于其门下及受其影响之学生有瞿同祖、杨联陞、严耕望、全汉昇、何兹全等法学、社会学、史学大家。从社会史论战到大学校园，陶希圣对社会和思想的关注并没有转变，“九一八事变”后，陶希圣以“国民外交和国民战”为题发表演讲，提出“全民抗战”的口号。1932 年开始，陶希

① 这次论战可以说是两年之后社会史论战的序曲，陶希圣在回忆录中称之为第一次社会史论战。参见陶希圣：《夏虫语冰录》，法令月刊社 1980 年版，第 343 页。

圣陆续出版《中国政治思想史》四卷本。在1934年底，他着手创办了《食货》半月刊杂志，一直到1937年"七七事变"爆发，《食货》停办。除了这些扎实的学术工作之外，陶希圣在北平的大学教授生涯中，还参加了两场争论：一是民主与独裁之争（1932—1937），以《独立评论》为论辩场；一是中国文化本位之争（1935），签署"十教授宣言"，同时在大江南北的学界展开的争论。1937年"七七事变"爆发，随后陶希圣与胡适、蒋梦麟、梅贻琦、张伯苓诸人受邀参加蒋介石主持的"牯岭茶话会"，受到蒋介石单独接待，后入军事委员会委员长侍从室第五组。由此陶希圣逐步卷入政治漩涡，远离学术三十余年。其间陶希圣先后出任国民参议员，组织"艺文研究会"工作，参与国民政府战线中对日"和平运动"的一方。1940年退出对日谈判，公布"汪日密约"，史称"高陶事件"（"小西安事变"）。

从陶希圣1937年投笔从戎开始，至1970年筹办《食货》复刊，前后三十余年的论政生涯，虽然在陶希圣自身看来有些误入尘网中的感觉，其自言"书生论政而犹是书生"，但这投身社会后的一半论政时光仍然是给他的经世之学找了一个出口，尽管这个出口遭逢许多波折，许多无奈。在政务渐轻的时候，他仍不忘记的是书生本色，所以在1970年代复刊《食货》，复刊一年后辞去"中央日报社"董事长之职，①彻底从论政回到论学。《食货》复刊凡十七年，至1988年随着陶希圣的逝世而停办。陶希圣去世之后，其《食货》传统由《新史学》传承，其史学和法学的家学传统则由两个儿子分

① 此时陶希圣虽然继续担任国民党中央评议委员，但是已经不复是从政身份，而是回到了学者的生涯，重拾其早期的研究。

别传承:四子陶晋生专攻史学,先后为美国亚利桑那大学东亚系教授、“中央研究院”院士暨历史语言研究所研究员;六子陶龙生为法学教授,先后任教于美国哥伦比亚大学和纽约大学,并写有关于钓鱼岛在国际法上之地位专文。

由于陶希圣早期参加了四场思想之争,以及他所提倡的社会史观使得他生前便颇负盛名。顾颉刚在《当代中国史学》[①]中认为“陶希圣应用各种社会科学和政治经济学的知识,来研究中国历史,所以成就最大”,郭湛波的《近五十年中国思想史》一书以及齐思和的《近百年来中国史学的发展》一文[②],都高度评价了陶希圣的史学成就。德里克则早在20世纪七十年代,就对陶希圣展开了学术史与革命史的研究。[③] 至陶希圣去世后,除陶恒生、陶晋生撰文总结其父为学论政之外,[④]《历史》月刊第七期还出专文纪念陶希圣,杜正胜、黄宽重等史学家先后专文评介陶希圣的学术贡献。[⑤]近年,则有大陆学者李杨、范泓的《参政不知政——大时代中的陶希圣》等论著,这些论著都有助于我们认识真实的陶希圣以及理清陶希圣的思想和学术贡献。

---

① 参见顾颉刚:《当代中国史学》,上海古籍出版社2002年版。

② 分别参见郭湛波:《近五十年中国思想史》,山东人民出版社1997年版;齐思和:《近百年来中国史学的发展》,载《燕京社会科学》1949年第10期。

③ 参见Arif Dirlik,*Revolution and History*:*The Origins of Marxist Historiography in China*,*1919—1937*,Berkeley and Los Angeles, California:University of California Press, 1978.“T' ao His-sheng:The Social Limits of Change”,in *The Limits of Change*, ed. Charlotte Furth, Cambridge, Mass.: Harvard University Press, 1976.

④ 参见陶恒生:《书生论政而犹是书生:纪念我的父亲——“中国社会史学派”始祖陶希圣先生》,2004年初刊于台北《传记文学》;陶晋生:《陶希圣论中国社会史》,载《古今论衡》1999年第2期。

⑤ 杜正胜:《通贯礼与律的社会史学——陶希圣先生学述》,载《历史月刊》1988年第7期。黄宽重:《礼律研社会》,《新史学》2007年第18卷第1期。

对陶希圣思想的整体把握需要综观其一生为学论政的历程，在这方面陶晋生和杜正胜分别做出了初步的论断。[①] 杜正胜在其文章中首先指出陶希圣的学问根基于以社会为核心的史学，以此把陶希圣的学术历程划分为成学、社会史论战、《食货半月刊》、《食货月刊》、晚年定论等五个阶段。[②] 杜正胜非常清楚地交代出了陶希圣一生颇为自许之学中国社会史学的发展历程，但是他忽略的一个传统是陶希圣从律学到法学的这个传承，所以在成学阶段他只看到陶希圣对礼学和人类学、民族学的侧重，而看不到陶希圣扎实的法律解释学基础。陶希圣为什么会从法律解释学一步步转向社会史学这个问题当然也不在杜正胜的关注视野内了。此外，把陶希圣晚年定论时对经学的探讨以"六经皆史"一言以蔽之，仍旧纳入贯通礼律的社会史学，也是值得商榷的。因为陶希圣晚年对经学的探讨已经带有某种寻找天道、文化托命的色彩，在这个意义上已经超出了社会史学的范畴，用文化史或者陶恒生在回忆其父文中说的转入经学或者更妥当些。陶晋生的论断则直接从其家学传统出发，认为法学和史学两条不同的路线汇合成陶希圣的中国社会史学。他把其父亲的学术历程划分为三个阶段：一、从大学时

① 此外，陶希圣的三公子陶恒生对其父学政的经历也有一个划分，即分为四个阶段：一、上海的中国社会史的论争（1928—1931）；二、北大教授及《食货》治史方法的提倡（1931—1937）；三、从牯岭茶话会到委员长侍从室（1937—1948）；四、台湾政治及《食货》思想的继续（1948—1988）。显然这种划分方法，不是一种思想发展阶段的划分，而是与传记文学相适应的一种划分法，例如三和四阶段的划分仅仅是在大陆和在台湾的区别，同样都是从政阶段；而第四阶段本身内却包含着从政和论学两种不同的经历。

② 参见杜正胜：《通贯礼与律的社会史学——陶希圣先生学述》，载《历史月刊》1988 年第 7 期。

期到参加社会论战；二、北京大学时期；三、台湾时期。[①] 而且每一个阶段的论述都紧紧扣合着陶希圣的两股学术基础来展开，清晰地呈现了陶希圣每一阶段的思想及后续发展。虽然陶晋生对陶希圣思想各阶段的延续之论断，非常注重源流的关系，但是失误亦在于此。过于恪守家学传承，使得陶晋生没有看到晚年陶希圣思想的转向，所以在台湾时期这一阶段，陶晋生可以非常清楚地看到《中国法制的社会史考察》、《孔子庙庭中汉儒及宋儒的位次》等论著的渊源，但是蔽于经学的努力而不见。再进一步分析，不难发现杜正胜和陶晋生的论断都没有顾及如下两个方面：其一亲属法研究在陶希圣思想中的位置；其二陶希圣的从政经历对其晚年思想转向的影响。

考虑如上两个因素，我们可以把陶希圣的一生分为如下三个阶段：一、经世之学的形成与展开，二、参政不知政的书生论政，三、转向天道的心性之学。第一个阶段，大致从其家学的传承开始，到1937年《食货》杂志的停办为止，纵贯近四分之一世纪。其间包括大学国学筑基和法律解释学奠基时期；安徽法政学校和上海商务印书馆的历史法学时期；上海与南京的教书为文，社会史观形成时期；北大教书与在社会史观指导下开展《食货》时期。也正是在经世之学形成与展开的第一阶段，陶希圣参与了四场思想之争，这其中又以社会史论战影响最大。第二阶段则横跨从大陆到台湾两个迥然不同的世界，其中的三个时期分别是从低调俱乐部到"高陶事件"发生，彻底打掉对日求和的念头；从回归重庆到南京国民政府迁台，这一时期主要负责国民党抗日宣传工作和对共产党的舆论

① 参见陶晋生：《陶希圣论中国社会史》，载《古今论衡》1999年第2期。

工作;从在台国民政府担任多项要职到筹办《食货》复刊,这一时期陶希圣全面参与了在台国民党当局的宣传、改造、立法等各项工作。虽然已经是从政了,但是陶希圣始终是以书生论政自许,这不仅仅是一种谦辞,而是有其实际依据的。如果说前一阶段是陶希圣经世之学的形成发展期,那么从政应该是经世之学的真正开始实践了,但是事实却是其经世之学的受挫。原因并非在于其经世之学的不切实际,[①]而是一旦陶希圣以从政的姿态出现于党派之中,他所作的就不仅仅是提供一种独立的意见和谋划,而是要承担一种"角色意识",甚至要站在国民党的立场上为当权者提供意识形态的辩护,很难再保证一种独立的学术精神。[②] 由此,这种意义上的从政与其说经世之学的实现不如说是经世之学的毁灭,所以陶希圣宁愿说自己是书生论政而犹是书生了。第三个阶段,陶希圣的人生则显得相对平静。辞去担任的行政职务,专心办《食货》月刊。前期他在《食货》月刊上发表的文章很多是旧文重刊,例如论道的一系列文章;并且他把早期经世之学展开不充分的部分开始一点一点地做实,例如从《中国政治思想史》中一些章节扩展成的《中国法制的社会史考察》。在此基础上,陶希圣逐渐把兴趣转移到经学,重新解释《论语》,追寻天道义涵,给其所理解的中国社会组织变迁赋予一种独特的文化内涵。虽然在晚年的《夏虫语冰录》中时常可见其经世之学的心影,但时移世易,更多透露的却是一种"学不厌,教不倦,不怨天,不尤人"的心境。

---

① 因为陶希圣就是以其经世之学见重于蒋介石、汪兆铭诸人,对其经世之学的承认上,这一点是毫无疑问的。

② 参见李杨、范泓:《参政不知政》,湖北长江出版集团、湖北人民出版社 2009 年版,第 36—38 页。

二、论战与入口

从1928年到1937年十年之间,陶希圣发起和参与了四次攸关“现代中国”特质的思想论争,也正是这四次论争充分地展现了其经世之学的支撑性内容所在:家制革命、社会经济变革、民主政治变革、中国本位文化建设。从时间顺序上来讲,其参与的亲属法变革之争,淹没在社会史论战之中,中国本位文化论战是民主与独裁之争中的插曲,但毫无疑问这四个方面构成了陶希圣经世之学的主题词。虽然如此,我们如何理解四场不同主题的论战仍然是一个悬而未决的问题。尤其这四个主题之间是什么关系?是陶希圣经世之学的四个不同方面呢,还是四个主题之间具有内在逻辑联系呢,抑或是只有其中一两个主题才是陶希圣经世之学关注的核心?对这个问题的回答,直接决定着我们如何理解陶希圣的经世之学,因为这四个主题看上去并非是契合无间的,甚至相互之间还存在冲突矛盾之处。例如,在亲属法变革之争中,陶希圣选择最为彻底和激烈的第三条道路,破毁旧法;而在社会史论战中,陶希圣最后的主张却是反对社会经济革命,推崇社会经济的逐步改良以达至民生。在中国本位文化建设中要否认现在的中国,而在民主与独裁的争论中却又基于现实的考虑,从承认现在的中国出发。如何解释这些相互冲突之处,乃是我们理解陶希圣经世之学的关键环节。

如何理解陶希圣的早期经世之学?从社会史论战切入,毫无疑问是个不错的出发点。因为无论是陶希圣晚年的自许,还是其

八十、九十祝寿论文集中的各科学者以及海外学者对陶希圣的推崇都是以中国社会史学为中心。[①] 从思想史来看，社会史论战是近代以来，中国知识分子试图通过思想来主导中国局势变迁的第三次，同时也是最后一次努力。[②]

就从社会史论战出发来理解陶希圣的早期思想而言，目前德里克的努力是最为成功的。德里克把陶希圣的社会史理论放在马克思主义史学的整体氛围中来阐述，并且论证了革命与历史的关系。[③] 虽然陶希圣的社会史观彰显着其社会史理论的独特性，然而德里克对社会史观的辨析还是不完整的，尤其是德里克把陶希圣的社会史理论纳入马克思主义史学的另一翼——系统分析的唯物史观，相应的论证是颇为勉强的。即使我们知道了社会史观的意涵，但是陶希圣缘何塑造其社会史观，他又如何从大学时的法律解释学训练走向社会史观的呢？在这个转变过程中，陶希圣的亲属法研究又起着什么作用呢？这些都是需要我们详细解答的问题。

---

① 参见陶希圣：《潮流与点滴》、《夏虫语冰录》；以及《陶希圣先生九秩荣庆祝寿论文集——国史释论》等书。

② 就中国近代以来的各种思潮或思想论争来看，针对中国的变革走向，相继有三次大的思想争论发生：其一是晚清康梁倡导的维新思潮；其二是五四新文化运动；其三即社会史论战。第一次思潮虽然没有直接成功主导变法运动，但是对清末变法起了很大推动作用；第二次思潮则把共产主义引进了中国，促使了中国共产党的成立，并间接促成了国共合作进行革命；第三次思潮则力图探讨革命的走向问题，可惜的是，这次论战并没有直接对中国的局势产生影响，反而是论战的某些指向直接传达了政党的意图，这次论战更多产生的是学院化的结果。从此以后，半个多世纪以来，思想界的争论很难直接对社会变革产生大的影响了，变革的决定权基本操纵于统治集团手中。

③ 参见阿里夫·德里克：《革命与历史：中国马克思主义历史学的起源，1917—1939》，翁贺凯译，江苏人民出版社2005年版。德里克：《陶希圣：变革的社会限制》，翁贺凯译，载《政治思想史季刊》2011年第2期。

三、从亲属法研究到社会史观

在大学预科和法科的七年生活中,陶希圣基本是按照其父的家学熏陶,同时打下了史学和法学的基础。但是,在这个阶段他似乎还没有选择好自己的理论入口。真正决定陶希圣理论初步走向的是在安庆教书阶段。在安庆任教时期,陶希圣阅读了《古代法》,他几乎全盘承受了梅因的历史法学理论,从理论预设到分析方法皆如是。随之,陶希圣在初步完成的亲属法讲义(即《亲属法大纲》的最初稿)中就尝试从历史法学的视角来分析中国亲属制度问题。梅因关于以印度为代表的东方社会是静止的社会,而以罗马和英国为代表的西方社会是进步社会之理论预设首先为陶希圣所接受。他是在承认中国社会是静止社会的基础上去研究从宗法到亲属制度之变迁的,这里隐藏的是其接受梅因的另一个观念,即现时代的正确的知识需要从对历史的研究中获得。①

由梅因出发,陶希圣在解释中国亲属制度时,追溯其源头从一本主义出发分析中国家族制度是单系的、男系的、父权的和族外婚的、妻从夫居的家长制。在《古代法》中,梅因是以进步社会为例对法律的演进史进行分析的,自然法律的发展与社会的发展

---

① 梅因曾言:"研究一切制度的法律家都不辞劳苦,力求以某种易解的原则来说明这些分类;但在法律哲学中去寻求划分的理由,结果必然是徒劳无功;它们不属于法律哲学而属法律历史。"梅因:《古代法》,沈景一译,商务印书馆 1959 年版,第 115 页。

密不可分。[①] 但是，陶希圣既然接受了中国社会作为静止社会的预设，那么亲属制度的变迁与家族社会之间关系决不会以动态的形式展现出来。所以，陶希圣对法律与社会关系的探讨并没有过多借助梅因的启发，而是经由狄骥的社会连带说和庞德的社会法学说强化的。[②] 因为单纯的法律解释学不能让陶希圣感到满意，即使是仅就历史法学或社会法学而论，陶希圣也不会局限其中，他一直想打通法学与社会学、历史学诸学科自成一个系统，在法律的社会史考察中达成了一个初步的目标。

虽然此时陶希圣通过亲属法研究已然初步达成了在法律研究上自成一个系统的目标，但是还有两个问题需要考察明白：

其一，陶希圣此时是否已经转入中国社会史研究？因为陶希圣后来曾说："希圣由法学转入中国社会史学之枢纽即在于此。英国学者梅因《古代法》与清代学者胡培翚《仪礼正义》两部书尤其得力。"[③]如何理解"枢纽"之言？

其二，法律社会史与中国社会史之间是什么关系？即从亲属法研究到社会史观的形成中间有无联系？

首先针对第一个问题，陶希圣言说的"枢纽"并不能作其由法

① 关于这一点，梅因的一段名言表露无遗："关于这些[进步]社会，可以这样说，社会的需要和社会的意见常常是或多或少走在法律的前面的。我们可能非常接近地达到它们之间缺口的接合处，但永远存在的趋向是要把这缺口重新打开来。因为法律是稳定的，而我们所谈到的社会是进步的，人民幸福的或大或小，完全决定于缺口缩小的快慢程度。"梅因：《古代法》，沈景一译，第 15 页。

② 陶希圣对狄骥和庞德学说的首次接触并不是直接性的阅读，而是通过日本法学家末弘严太郎和牧野英一的著作间接获得的，直到一年后他进入上海商务印书馆的东方图书馆，方才系统地补充了社会法学、民族学等方面的知识。参见《陶希圣年表》，未刊本，第 21、28 页。

③ 陶希圣：《潮流与点滴》，第 63 页。

学转向中国社会史学的理解,而是指其直接转向法律的社会史研究。既为法律的社会史研究,则必然涉及法律与社会之关系,法律之变与中国社会组织之变的关系。纵然如此,不可否认的是,“研究中国社会组织只是陶希圣论学的手段,其治学鹄的还是在于法学”。[①] 从陶希圣的治学史来看,中国社会史学日渐成为他的研究中心,当始于其1926年在上海关注社会问题,并发表论述中国社会构造的短文时。正是因为陶希圣关注社会问题,开始思考中国社会构造史以及用社会历史的方法解释三民主义与国民革命,才有机会参与到大革命中,而大革命的失败又进一步刺激了他对中国社会的观察。正是由于陶希圣对中国社会史研究的早期入手,才使得他在发起论战并在论战之初独领风骚。这是其中的因果关系,而德里克只看到了大革命失败对社会史论战的直接触发作用,这是一种没有顾及到前因后果的简单正确。

此外,还有一个重要的思想动力使得陶希圣日益扩展其于中国社会史的学术抱负,即顾颉刚发起的轰动一时的“古史辨”运动。在顾颉刚发起“古史辨”运动后不久,陶希圣辞去安徽省立法政学校的教学工作,转入商务印书馆法制经济部做编辑。当时陶希圣抱定的志愿是要以民族学、社会学与历史学的方法,把疑古派破坏的历史重建起来。

在社会史论战之前,陶希圣对中国古代社会研究体现在几篇文章上,例如,1925年在《学艺》上发表《理论上之宗法》,指出不仅

① 阮兴:《法学与史学之间:20世纪上半期中国法学的跨学科研究趋向——以陶希圣学术研究为个案的探讨》,载《西部法学评论》2008年第5期。

应该而且能够研究古代的宗法理论。[①] 1926 年陶希圣在《独立评论》发表短文，指出中国社会的社会构造是士大夫阶级与农民阶级相对立。1927 年在《中央日报》副刊发表《古史之民族的分析》，则是根据民族学观点研究而得的宗法理论来分析中国社会。至上海时期，顾颉刚古史辨一出，陶希圣才从法律社会史顺理成章地转入中国社会史研究，亲属法研究在其中扮演了一个过渡的角色，例如陶希圣《理论上之宗法》这篇文章实际上是接续他在《学艺》杂志上的另一篇文章《现于服制之亲属制度》而写的。所以，陶希圣学术展开的路径可做如此描述，即法律解释学—法律社会史（《亲属法大纲》）—中国社会史。

但三者并不是相互替代的关系，而是扩展包容的关系。如果说陶希圣从法律解释学走向法律社会史是出于家学的传承和社会之变的触发，那么从法律社会史走向中国社会史再到社会史观的形成，其内在环节又是如何过渡的呢？

这个原因仍然要追溯到陶希圣从梅因处传承的历史法学在解释中国法律与社会史时的困境。陶希圣在用梅因的历史法学分析中国亲属制度起源时，已经考虑到了亲属制度的变化，尽管那些不变的东西仍然可以用一本主义来解释，但是仅仅用背离一本主义来指责变化的东西是无济于事的。此时的矛盾在于，虽然陶希圣走向了法律的社会史考察，可是法律与社会却是不相一致的。因为在历史法学的观点来看，法律的变迁受制于社会历史的整体情况，如果陶希圣接受中国是一个静止社会的解释，那么如何理解变

---

① 陶希圣：《理论上之宗法》，中华学艺社编：《法制论丛》，商务印书馆 1928 年版，第 245—246 页。

动的法律和不变的社会之间的关系。除非陶希圣不接受梅因的关于中国是一个静止社会的结论,而从历史法学的进化史观本身出发,探讨中国社会自身的演变。梅因对陶希圣影响在所谓的第一次社会史论战初期犹存,因为此时陶希圣对中国社会的定位是宗法制度和封建制度不在,而宗法势力和封建势力犹存。此即是静止社会的一个变相说法,但是随着陶希圣对马克思主义史学更多的接触,尤其是考茨基诸人的影响,他逐渐意识到这个问题,并运用商业资本这个魔手,试图解释中国社会变化的一面。正是在唯物史观的影响下,陶希圣解决了法律与社会不一致的问题,此时他的法律社会史解释已经基本没有问题了。可以说,陶希圣借道唯物史论返回了历史法学的进化史观,推翻的只是梅因关于中国社会是一个静止社会的结论。在陶希圣解决了一个问题之后,还有一个更大的问题横亘于其中国社会史研究中:既然是标榜亲和于唯物史观甚至被视为唯物史观的社会史观,何以在具体历史分析中有时"似乎"是反唯物史观的?这就是陶希圣社会史中的"士大夫阶级"问题。如果陶希圣要坚持自己的历史分析,必然要引进新的理论资源,修改社会史观中唯物的方法之意涵。这就回到了上一节所论证的为了保证其历史分析中的士大夫阶级的位置,必须引进奥本海默的国家史观中的意志论因素作为支持性理论,并且把社会史观中的唯物的方法改为心物合一的方法。

在历史法学的视野中,本来是没有法律与革命的位置的,但是在陶希圣社会史观的分析下,由于士大夫阶级的独特地位,中国革命的首要任务反而不是社会革命,而是通过政治上的革命实现国家的统一,然后在一个代表所有人民利益的政党之领导下实现民生主义。这样一来,必然要赋予法律以重任,即通过法律革命和平的实现社会革命的目的。[①] 所以，看到陶希圣激进的亲属法变革方案时，[②]唯有结合他的社会史观才能理解他为什么要主张如此彻底的道路。但在具体实践中，陶希圣又主张从两个方面入手以缓和法律变革的激进性，即取代士大夫阶级的革命立法权者和土地制度的变革。一于心一于物，两相配合亲属法的变革，又反过来契合了历史法学的道路——非暴力革命性。

四、《中国社会之史的分析》在陶希圣思想发展中的位置

《中国社会之史的分析》可以说是陶希圣的第四部著作，在此之前他已经在商务印书馆先后出版《中国司法制度史》、《对华门户开放主义》、《亲属法大纲》三种。但正是《中国社会之史的分析》一书确立了陶希圣的学术大名，一年之内重印多次，在激荡的学术潮流中获取了一席之地；正是这本书成了后来中国社会史论战的主要对话对象；正是在这本书的基础上，陶希圣先后推出了《中国封建社会史》、《中国社会与中国革命》、《中国社会现象拾零》、《西汉经济史》、《中国政治思想史》（四册）、《婚姻与家族》、《中国社会史》等以社会史研究方法为突破口的著作。虽然该书出版后，陶希圣在社会史上的观点有所变化，但是该书关注的三个基本问题则是一以贯之的，此即：中国社会史分期问题、士大夫身份问题、社会

① 这只是根据社会史论战指向的一个目的，然而亲属法革命背后还同时兼具其他目的的指向，否则陶希圣的经世之学就仅仅涵括社会史论战的内容了。

② 亲属法变革的道路选择，及陶希圣的具体理由，请参见该书第八章《宗法理论与宗法实际》。

变革方案问题。

首先来看陶希圣关注的中国社会史分期问题。陶希圣对中国社会的分析，最为出名的就其在《中国社会之史的分析》一书中提出的，中国社会长期以来是一个宗法制度和封建制度不存，但是宗法势力和封建势力长存的宗法封建社会的构造，其庞大的身份支配阶级乃是士大夫阶级。这个社会史分期的两个界限分别是春秋以降和晚清西方列强入侵以前。这样一来，在春秋及其以前的西周是存有宗法制度和封建制度的宗法封建社会，两大对立阶级是封建主与农奴，政治体制表现为封建国家。战国至晚清时期是存有宗法势力和封建势力的社会构造，两大对立阶级是士大夫阶级与农民阶级，政治体制表现为中央集权国家。而晚清以来则是属于次殖民地类型的资本主义社会，其社会构造是外国资本阶级凌驾其上，其下则仍然是宗法封建势力的构造，但是逐渐产生了新的因素即本土的资本家和工人。但这里也有两个疑问，如何理解周之前的社会形态？从战国迄晚清两千余年的社会形态如何命名？是一成不变的吗？

在陶希圣着手社会史研究之前，关于中国社会分期的问题，旧来学界多重视的是从封建到郡县的周秦之变，[①]最新观点则是王国维的殷周变革论[②]。然而，陶希圣对这两种社会分期取舍各有不同，他总体的取向是淡化商周之变，同时给予周秦之变新的解释。若以历史语境的眼光观之，陶希圣一方面肯定了殷周制度变革的

① 参见顾炎武：《日知录》，岳麓书社1994年版；冯天瑜：《"封建"考论》，武汉大学出版社2007年第2版。

② 参见王国维：《殷周制度论》，载陶希圣等：《西周政教制度研究》，中华文化复兴月刊社1979年版。

意义,但另一方面也限制了这种变革意义的效度。所以他认为传统中国的精神特质在殷周之际并没有树立起来。这种宗法制度只是在宗周的领地内被追认成为了封建贵族的组织原则,但在其他诸多封建领地内并没有成为封建贵族有效遵从的制度。那么,真正赋予传统中国以精神特质的时期,在陶希圣看来恰恰是在宗法制度和封建制度崩溃的过程中出现的,此即周秦之变,其完成则在于西汉中期。

周秦之变在历史议论中,向来侧重的是由封建转为郡县。但是陶希圣认为更重要的在于士大夫阶级的形成。尽管发端于春秋的儒家学说之理想是贵族政治,但是由于知识已经从贵族传播于平民,受商业资本和土地私有的双重冲击,宗法制度和封建制度逐渐解体,贵族阶级被士大夫阶级所替代,贵族政治也逐渐转变为官僚政治。此时,士大夫阶级主要为贵族中的下士和庶人中的优秀者所组成。正是因为士大夫阶级的出现,使得宗法制度的崩溃同时却保留了宗法观念,氏族结构瓦解的同时迎来的却是父系的家长家族制之建立。辩士与游侠是周秦之变时期最为活跃的一种力量,其中辩士演化成士大夫阶级的中坚力量,游侠则是游民集团的主力。① 由士大夫阶级主导的官僚政治代替了宗法封建的贵族政治,士大夫阶级作为观念生活阶级以宗法观念的担纲者作为统治阶级的一端,在上面与王室、战斗集团相联系,在下则抑制生产的庶民,其构成就是官僚和地主。在经济上,士大夫阶级是剥削者,在政治上,是支配者。与此相应的是孙中山在《五权宪法》中所讲政治里头的两种人物:一种是治人的,一种是治于人的,以及孟子

① 参见陶希圣:《辩士与游侠》,商务印书馆1931年版,第97—98页。

所说的“有劳心者,有劳力者。劳心者治人,劳力者治于人”。

从表面上看,王国维侧重的殷周之变与陶希圣侧重的周秦之变的区别仅仅是在于中国的精神气质确立于什么时间:王国维认为起点在周公——落实在宗周贵族身上,陶希圣认为起点在孔子——落实在战国以降的士大夫阶级身上。如果我们由此得出,王国维与陶希圣的差别在于,王国维的解读是事后追认的合法性,陶希圣的解读是历史真实的合法性,必然相差千里。实质上,王国维与陶希圣各自解读的中国呈现的是截然相反的两种精神气象:王国维对周制的解读得出其制度“……实皆为道德而设。而制度与典礼之专及大夫士以上者,亦未始不为民而设焉”。① 陶希圣则认为,由于士大夫阶级的形成,中国在秦汉以后已经由封建制度进入官僚政治时期,政治力量由贵族阶级转移到士大夫阶级,此后中国一治一乱,都是由这个阶级的内讧所引起,以这个阶级为背景的官僚政治自然弊害极大。② 从王、陶二氏不同的解读来看,同样面对中国社会的溃败,二者选择的道路自然不同,王国维希望的是返本开新,陶希圣希望的则是破旧创新。③

在陶希圣最初的社会史著作中,存在一个问题,就是如何对中国社会史进行详细的分期,并对其社会性质明确定位。只有通过

① 相应的殷周之兴亡,实为有德与无德之兴亡。参见王国维:《殷周制度论》,载陶希圣等:《西周政教制度研究》,第200—222页。

② 参见本书,第40页。

③ 当返本开新无望,要彻底破旧而丧失中国之为中国的精神气质时,王国维内心面临的必然是文化和天下沦丧的绝望,其之所以投湖自尽也是必然之事。而陶希圣基于其社会史分析,得出的破旧创新的道路是相对和平的社会变革之路,而非积极的阶级斗争式的社会革命,那么他虽然是国民党当局的反对者,最终也必然会倾向与国民党合作。

详细的社会史分期才能说明何为社会史观,否则只是对资本主义社会和封建制度进行反驳,即使看到了中国社会的长期复杂性,也只是一个看不到确切变化的暗箱。此时,陶希圣需要面对的是商业资本在发生作用过程中奴隶经济和庄园经济的定位。在1932年“社会史论战”进行得如火如荼的时候,陶希圣发表了一篇小文,没有过多的针锋相对,只是对自己近来的思考做了一个小结。根据其社会史观,他首先认为没有三千年之久不变的社会,中国也是如此,当然陶希圣在此否定了先前在《中国封建社会史》等论著中的主张,其修正后的新观点认为:西周属于氏族社会末期,但是此时所谓的“封建”乃是族与族之间的关系,与阶级之间的关系是不同的;从春秋到战国的时代,则是私有财产对氏族身份抗争的时代;战国到后汉是奴隶经济占主要地位的社会;从三国到唐末五代,要另划一个时期,即是一个发达的封建庄园时期;宋以后,庄园经济则渐次分解,明代以后,在继续宋代经济政治制度基础上而更加发达,这是封建制度的分解期,也就是城市手工业时期,可以确切说是先资本主义时期。而自1840年以后,中国社会则走上了半殖民地的道路,已经不能再依照通常的社会发达过程前进。

不久,陶希圣从政治支配的视角进行的社会分期也逐渐浮现出来。在《中国政治思想史》中,他把清以前的中国历史分为四期:氏族时代、王权时代、士族时代、王权再建时代。显然,陶希圣从政治的支配结构进行的社会史分期,与其从社会经济条件进行的分期是不尽相同的,但究竟哪一种是陶希圣最终的社会史分期呢?

根据陶希圣自己的看法,社会史分期的最终完成是在其《中国政治思想史》出版之后不久的1935年,即中国社会发展的“五阶段说”:1.夏商周三代是三个部族联盟。2.由东周至战国乃是由部族演变为国家的过渡时期。至秦汉时代,中国成为大一统的国家。3.由东汉以后,中国进入中古阶段,士庶与庄客及奴隶的等级,甚为分明。这一时期,社会组织以庄园经济为主。4.中唐以后,中国进入商业资本独特发达的农业手工业社会。5.清代中叶以后,是帝国主义压迫之下的商业资本主义社会。① 从陶希圣这个最终的中国社会史分期中,可以看出这是一种同时兼重政治支配结构和社会经济条件的社会史观。②

如果说在陶希圣那里作为中国精神气质的生成起点在春秋战国之际,那么何为中国的古代和近世呢?答案就在五阶段说的中间三段,即中国的古代社会是公元前五世纪到公元三世纪左右,中古社会是公元三世纪到公元九世纪左右,近世社会则是公元十世纪到公元十九世纪中叶。③ 秦、汉帝国是古代社会的完成形态,隋、唐帝国是中古社会的完成形态,明、清帝国则是近世社会的完成形态。

可以说,在中国社会史分期的问题中,士大夫的身份起着至关重要的作用。而在社会变革方案问题中,建立在中国社会史分期基础上的中国社会的性质则是一个前提,正是在这种基础和前提下,需要改造士大夫这一知识阶级。所以,在社会变革方案问题

① 在《食货半月刊》第2卷第11期(1935年11月)“编者的话”中,陶希圣言自觉从前把春秋战国与清代两头一拉的见解是有缺陷的,所以又提出一个见解。魏特夫问称什么名字,陶希圣命名为“五阶段说”,这个五阶段说当时并没有全部发表,只是在当期的《食货半月刊》上,重点阐述了从战国到晚清这一大阶段的详细分期。我们现在看到的陶希圣的五阶段说,是他在晚年回忆时指出来的。参见陶希圣:《潮流与点滴》,中国大百科全书出版社2009年版,第140页,注释17。

② 这种不同的侧重并不是一种混乱,恰恰有其意涵,即在后三个阶段整体而言的政治支配结构上基本上稳定的。

③ 参见陶希圣:《战国至清代社会史略》,《食货半月刊》第2卷第11期,1935年11月。

上，陶希圣选择以亲属法改革为突破口。就其时而言，陶希圣认为立法者面临三个东西：其一，是农工商民的要求；其二，是现存的实际社会制度；其三，是宗法理论造就的法条和礼典。相应地，大体上也存在亲属法变革的三条进路：

第一个进路是整理旧法；第二条进路是改良旧法；第三条进路是破毁旧法。陶希圣选择的第三条破毁旧法的道路是非常彻底的。陶希圣认为在新社会建设中以亲属法为突破，选择第三条道路，不仅可以消除修订刑律过程中的礼法之争，而且可以为民商法所促进的产业发达提供适格的行动主体，更可以为宪政的建设培养独立人格的公民。

与当时法学界其他学者对亲属法的讨论相比，陶希圣对亲属法研究最大的一个特点是跳出了晚清新法制建设以来逐渐形成的诸法分立之格局，也不仅仅局限于立法技术去讨论亲属法的制度设计。所以陶希圣对亲属法进行整体变革设计后，他仍然清醒地记得一纸亲属法并不能摧毁宗法势力，真正要使得生存权体系的亲属法得以落实，必须配合以农村的经济制度尤其是土地制度的改革，同时需要革命的立法权者积极的改造士大夫这个顽固的身分阶层，破掉实施生存权体系亲属法的双重障碍。

在后续展开的社会史研究中，陶希圣于《婚姻与家族》里，重点分析了作为亲属法核心的家族制度的社会史基础，及其变迁的社会经济动力；而在亲属法变革方案提出之后，进行的商业资本与土地制度的研究以及《食货》的创办，则是紧接着亲属法变革方案的实现条件而进行的。正是对这后一个过程的解读，我们才说与其概括地称陶希圣为“史学与革命”事业中的重要一员，倒不如说其是“法律与革命”的另辟蹊径者。因为在陶希圣这里，社会史的研究是在其整体的法律变革方案的指引下展开的，史学是法律变革方案得以实现的辅助性途径，天平的两端分别是法律与革命，史学是连接杆。

五、陶希圣的思想遗产

无论在中国革命史上对陶希圣评价如何，都无法抹杀陶希圣的早期经世之学在现代中国思想史与学术史上的惊鸿一瞥。虽然在学科分化成熟的今天，已经很难再现陶希圣早期经世之学的完整形态，但是祛除意识形态的面纱后，我们不得不承认构成陶希圣经世之学的内容的历史可检验性，社会史分期、本位文化建设都是当下并没有画上句号的问题，只不过当下我们对之讨论是以学科的形态进行的。从学科的角度而言，陶希圣最大的成就或许在于社会史观的创立和法律社会史研究途径的综合。谈及研究的途径和方法可能显得抽象了，但是即使就陶希圣运用其社会史观和研究方法所取得成果衡之，仍然对当下学界形成学术思想上的启发。举其要者有如下五个方面：

其一，周秦之变的新定位。虽然论述周秦之变的中国史研究文献几乎难以计数，但是陶希圣对周秦之变论述的意义迄今尚未得到充分的重视。要想理解陶希圣对周秦之变的新定位，我们需要将其放置到三种讲法的对比中去理解：王国维的殷周制度论、传统的封建郡县之变①、正统马克思主义中国史学的战国

① 参见冯天瑜：《“封建”考论》，武汉大学出版社 2007 年版，第 60—112 页。

封建论[①]。陶希圣在社会史的意义上对王国维的精神原点进行了改造。就社会而言，殷周制度之变的核心并不在于立嫡制，而是“三父”宗法精神的确立。这种宗法精神逸出氏族贵族的范围，而成为社会的普遍形态则是在战国以降，其关键环节就在于周秦之变，最后以“汉行周道”的形式确立。这个周秦之变的定位之所以不同于传统的封建郡县之辨，其实质在于中心不是君权的统或分问题，而是把中心放在了支撑君权的官僚制上面了，无论是君权的扩张或缩小，由实践宗法精神的士大夫阶级垄断官僚制的事实始终是不变的。另一方面，陶希圣的周秦之变与战国封建论的周秦之变涵义也是不同的，这种不同不是基本面貌的不同，而是侧重点的不同。在整个周秦之变的论述中，虽然陶希圣强调的重点在于士人阶层的主观努力及其对经济条件变化的支配，但是陶希圣对作为知识掌握者的士人阶级的观察点却并非钱穆一系的士人“精神世界”。在对传统中国政治或社会的观察中，陶希圣其实是贡献了君权与相权、儒法之争以及社会经济基础观察之外另一种视角：如何从士大夫阶级的社会特性出发，解释中国历史的治乱，陶希圣的社会史研究只是一个开端。

其二，魏晋封建说的提倡。或许魏晋封建说在当今的中国史学界已经不觉得新鲜，作为与主流马克思主义中国史学社会分期不同的这个提法在“文革”后得到了相当充分的论证，尤其是陶希圣的弟子何兹全先生贡献甚多。[②] 由魏晋封建说带出的是陶希圣的五阶段论，这五阶段的核心在于战国至晚清的社会是否停滞的

---

① 参见郭沫若：《十批判书·古代研究的自我批判》，河北教育出版社 1996 年版；郭沫若：《中国古代社会研究》，河北教育出版社 2000 年版。

② 何兹全：《汉魏之际封建说》，《历史研究》1979 年第 1 期。

问题。国内学界的主导学说在于秦汉以至于晚清为封建社会，相比之下，陶希圣的独特性彰显无遗。如果把陶希圣社会分期论与战后日本东洋史学界的研究做一比较，就会发现在日本学界战后近半个世纪的中国史研究重点早已经为陶希圣所探讨。当然，并非说陶希圣的历史研究已经尽善尽美了，他的研究仍然是粗线条的，他的贡献在于指出了历史研究的不同线索以及整全的历史观。

其三，家族构造的宗法一本论。陶希圣在对家族的社会史研究中，最大的贡献莫过于清楚地阐释了中国传统社会组织的“一本”和“二本”的问题。陶希圣从中国传统社会组织的一本原则出发去观察家产，就会发现家产首先不是财产关系，而是一种宗庙关系，是在“三父”的宗法精神下进行处理的。如果用财产权的话语来表示的话，那么可以说家产类似于公司的共有产，家长不过是公司的法人代表，要受到公司章程的制约，而公司章程则是宗法精神的体现。所以说，即使我们从财产权角度讲家产是家庭共有的财产，仍然要意识到这个共有并不仅仅是私法意义的共有。这个家族的宗法一本构造是陶希圣在家族法研究方面的最大遗产，这一点在《亲属法大纲》一书中，阐述得尤为清晰。

其四，亲属法的变革方案。如上文所述，陶希圣设计的这个方案的中心环节就在于独立生存权对宗法身份的取代，正因为是生存权而非财产权，才使得契约式的结合可以导向共同生活本位而非个人本位的家制，这里面容纳的是互助的意涵。在生存权立法的背后则是保障式的国家，对家庭成员生存权的积极保障而不是代替其作出决定。

其五，民主政治的中国图景。生存权体系的立法要求的保障式立宪国是积极的形象，那么革命政党领导下革命群众建立的国家毫无疑问会以此为取向的。陶希圣认为最可能的主导中国立宪国形象的是一党主导下的多党合作来实现民主政治,因为掌握直接民权的公民拥有的是不觉者的力量,生产性的社会也是产生最大多数的不觉者的环境。

世易时移,虽然今日全面的接续与复活陶希圣的经世之学已然不可能,但是我们之所以仍然要借助关键文本去回顾与重构陶希圣的经世之学,就其目的而言,不仅在于揭示由他奠定的社会史研究路径,更在于指出社会史论战之于当下社会建设的意义。